評伝 岩崎彌太郎

日本の経営史上、最もエネルギッシュだった男

三菱史アナリスト
成田誠一

毎日ワンズ

はじめに

二〇二〇年はどんな年？　そう、東京オリンピックの年だ。

だが、岩崎彌太郎が三菱を創業してから一五〇年の年であることも意識してほしい。

日本最大の企業グループ三菱の創業者である岩崎彌太郎は、誰がなんといっても、日本の経営史上もっともエネルギッシュな男だった。

明治三年（一八七〇）に大坂に設立された海運会社九十九商会は、その後「三菱」を名乗り、東京に進出して成功し、鉱山や造船あるいは金融、物流など積極的に間口を広げ、またたく間に日本の基幹産業をになう巨大な企業集団になった。こんな例が他にあるだろうか。日本の近代化と歩調を合わせた彌太郎の積極果敢な投資戦略の成果だった。

彌太郎は疲れを知らなかった。起業家精神のかたまりだった。どんな状況においてもあきらめず、無から有を生み出す努力をした。さらに、彌之助、久彌、小彌太の下で三菱は、明治・大正・昭和と、怒濤の勢いで発展する日本経済を牽引した。しかし、やがて日本は不毛の戦争に突入し、敗戦。ＧＨＱの財閥解体政策により三菱本社は解散させられてしまう。創業から解散まで、あれよあれよという間の七五年だった。

私は縁あって三菱グループの歴史を所管する湯島の三菱史料館に場を得て、マネージメントのかたわら書庫の史料や先人の書を読みあさった。研究者や学芸員の意見を聞いたり議論しながら、岩崎四代の三菱、なかんずく創業者彌太郎のイメージを、頭の中に構築していった。そして、グループ誌への一〇年にわたる連載をはじめ、さまざまな媒体に三菱史関連の文章を書きなぐってきた。

その間、彌太郎の曾孫であり宗家の当主だった岩崎寬彌《ひろや》さんに知遇を得たのは幸運だった。晩年はすっかり寡黙になられたが、三菱史については誰よりも詳しく、創業者を誰よりも敬愛し、たまにぼそぼそっと口にする言葉には歴史書にはない深い意味があった。

岩崎彌太郎が生まれたのは現在の高知県の安芸市である。二〇一〇年のＮＨＫの大河ドラマ

『龍馬伝』では彌太郎は舞台回しの役だったが、放映以来、田畑に囲まれた静かな生家には四季を問わず全国から大勢の人が訪れるようになった。市の中心部の公園にあった大きな銅像も二〇一五年に生家のかたわらに移設され、ボランティアガイドは大忙しの毎日である。

この『評伝岩崎彌太郎』は、さきに彌太郎生誕一八〇年と没後一三〇年になる二〇一五年を前にして世に出したものだが、今般、三菱創業一五〇年にあたる二〇二〇年を迎えるにあたりいささかの加筆修正を加えて、彌太郎のたぐいまれな起業家精神やエネルギッシュな生き様をあらためて世にアピールすることにした。三菱関係者には自分たちの現在・未来を考えるきっかけにしてほしいし、そうでない人には彼らの源流を探る材料のひとつにしてほしい。

三菱史料館など筆者の周りのさまざまな立場の人たちの協力で出来た本書は、これまでのいわゆる彌太郎モノの集大成である。形式にとらわれず、読みやすいことを旨とした。

二〇一七年五月

成田誠一

【目次】

評伝岩崎彌太郎——日本の経営史上、最もエネルギッシュだった男

1　巨星墜つ

人にはいろいろな死に方がある。

一人ひっそりと死ぬ人もいれば、大勢に見守られて死ぬ人もある。

あなたの場合はどうだろう。

あっという間に死ぬのだろうか。長く患ってからだろうか。

あるいは、やることをやってからか。夢半ばで終わるのか。

日本の経営史上もっともエネルギッシュだった男・岩崎彌太郎は、明治一八年（一八八五）、胃癌による最期を迎えた。彼ほどやりたい放題だった経営者はいないだろう。にもかかわらず、本人にとっては無念の最期だった。

岩崎彌太郎、享年五〇。その最期を、満七〇歳だった母・美和《みわ》と、従弟で三菱の幹部だった豊川良平が、それぞれ書き残しているので、仮名遣いや句読点を若干現代風にするなど原文を少々整理しながら紹介しよう。

母・美和の手記

……彌太郎の病状は正月十三日ごろからますます悪化し、十五日には彌之助、久彌、川田ら、一族や三菱の幹部が付きっきりになりました。十六日には口から器械を入れ、胃を洗うということになり、私は恐ろしくて見て居られない思いでした。最初のときは操作がうまくいかず結局出来ませんでした。その後は何度も、器械を入れて洗浄したのですが、彌太郎はそれはそれは苦しそうにもがき、身体はますます衰えていき、痛々しくて言葉にもならず、私とおこと（琴）は、ただただ神様にすがるばかりで、

「命を捧げますので彌太郎の命とお取替え下さい」

と、ひたすら心を込めて、繰り返し繰り返しお願いをしておりました……。

二十六日の器械での療治の後は、彌太郎は消耗しきった様子で、付き添っている彌之助も、お医者が次に来るのを待ち兼ねる様でした。夜になってお医者が来てひそひそと彌之助に話し、彌之助が心配顔で聞いている様を見ることの、つらさ苦しさは如何ばかりか、私は表現しきれません……。

私も七十一歳の夏までに死んでいれば、こんな悲しみには会わないですんだのですが、「彌太郎の病は生まれつき決まっていたことで、私が生きているからこそ、子供たちに力を与えてやることが出来るのだ、それが天から授かった役目なのだ」と、考え直して、しっかりしなければと自分に鞭を打ったのでした……。

二十七日の朝は、早く寝床を起きだして、一層心を込めて太神宮様《だいじんぐう》を始めそのほかの神々様へお願いをし、彌太郎のお腹にたまった水を採るときの苦痛を和らげてくれるよう必死に祈りました……。

二十八日は朝早く起き、前夜の様子をおことに聞くと、ほとんど眠れないぐらい苦しんでいたということでした。私はひとしお心配しながらもどうすることも出来ず、ただただ神様に祈っているうちに、お医者の来診あり、「かなり衰弱しています。今日は胃の洗浄は見合わせましょう」とのお話で、私は居ても立ってもいられぬ思いでした。夜になってから、佐々木医師が来られて診察してくれましたが、「このまま様子を見ましょう」とのことでした……。

二月一日、二日となって、少し調子が良いとのことでしたので、みんな喜んだのですが、三日には容態が悪化し、午後四時ごろまたまた大変な思いをして器械を口から入れお腹にたまった水を採りました。彌之助はじめ皆々心を尽くして世話をしたのですが、夜になってますます苦しそうで、私はまことに心細く、ようやく十二時過ぎに寝床に入りました。

このころから、私は毎晩恐ろしい夢を見るようになりました。いずれそのときが来るのは覚悟しているのですが、骨身が砕けるような思いでした。

五日になり、彌太郎はいつもより気分が良いとのことでしたので、神様にお祈りした甲斐があったような気がし、私の心も少し落ち着きました。昼となく夜となく、ひたすら神様仏様に祈り、夜の二時ごろに休みました。

六日になって、またまた容態が悪化し、もはやこれまでかと身を引き裂かれる思いでした。五時ごろまで神様に祈り続けるようおことに頼みましたが、彌太郎殿へは名残り惜しく思い、おことの心根も哀れと思い、右と左を悲しみながらこの日も終わったのでした。

そして、翌七日……。


（『美福院手記纂要』『岩崎東山先生傳記』より）

従弟・豊川良平の記録

当日のことは豊川の記録によろう。明治一八年（一八八五）の二月七日だった。上野池之端の高田藩邸跡に三年前に建てられた大邸宅の大広間で、岩崎彌太郎は、最期を迎えようとしていた。それは「やりたいことの十分の一か二もできなかった」と呻《うめ》く無念の終焉だった。この豊川の記録は、おそらくは数日のことを一日に凝縮して書いているのであろうが、彌太郎の生きざまや人となりを表現して余りある記録である。

七日未明、彌之助君病床に侍坐して愁嘆《しゅうたん》の色あり。社長之を見て曰く、「余は此の如き大病に悩むと雖《いえど》も、尚自ら奮って気を爽快に保てり。然るに看護者にして憂色を示す、何ぞ勇気なきや」と。

彌之助君答ふるに語なし。而して病勢は前日に異なる事なし。

午後三時四十分、転身せんとして変動を来し、呼吸殆んど絶せんとし、須臾《しゅゆ》にして旧に復す。

四時十分、俄然又変動を来し呼吸絶息す。印東氏劇薬を皮裏に注射すること三回。ヘイデン氏も来たり、又注射すること数回。次いで佐々木氏も来たり注射すること数回、かつ鼻に嗅がしむるに劇薬をもってすること少時、因って呼吸旧に復す。然れども煩悶《はんもん》甚だしくして見るに忍びず。

この時彌之助君、久彌君、細君、春路君、令妾安、川田、藤岡兄弟、荘田及び余と医師三氏坐す。次室に老母君、姉妹、其の他親戚侍坐す。

六時十分、社長忽然《こつぜん》大声を発して曰く、「母と姉妹を呼べ」と。声に応じて皆至る。

老母君、細君等に謂って曰く、「泣くな」。また、忽《たちま》ち大声を発して、「静かにせよ。静かにせよ」。

「我も東洋の男子と生れ……、我が志すところ、未だ十中の一、二を為さず今日の場合に至る。

最早仕方なし。川田、未練ではないが、今一度盛り返したし」

「抑々《そもそも》、岩崎家は古来嫡統を尚ぶの家なれば、久彌を岩崎家の嫡統とし、彌之助は之を補佐し、
小早川隆景の毛利輝元を補佐する如くせよ。彌之助よ、我の事業をして墜《おと》すことなかれ。彌之
助、川田、我の志を継ぎ、我の事業を墜すなかれ」

彌之助君曰く、

「兄上よ、我が天地の間に身をはめて死せざる間は粉骨砕身して勉励すれば、必ずご安心あれ」

さらに、社長苦しき声にて言葉を継ぐ。

「我は旧故を棄つる如き不人情は嫌いなり。社員の重なる者にして、忠勤を尽す者は飢えざる
よう家を為してやれ」

彌之助君が、幹部社員が次の間に控えていることを告ぐると、社長「速やかに、呼べ」と。

二十数名がただちに部屋に入る。一同を見まわすようにした後、曰く、

「委細は川田に話してある……。川田に聞け」
このあと、人払いをし、姉君を呼んで曰く、
「もう、何も言わん。腹中、裂くが如きを覚ゆ。何も言わん」
時に佐藤氏来る。社長（彌太郎）すなわち、ヘイデン、佐藤、佐々木、印東の諸氏に向かい、右手を上げ、一礼を述べ終わる。このとき煩悶ますます甚だしく、十分をへだて、溘焉《こうえん》長逝す。時に六時三十分。

（『岩崎彌太郎傳』『臨終の記』より）

彌太郎の屋敷は、現在は東京都の「旧岩崎邸庭園」になっている。広い芝の庭のほぼ中央に、明治一五年（一八八二）に旧高田藩邸を壊して建てた平屋の日本家屋があった。そこで彌太郎は最期を迎えた。

今日ある木造二階建ての洋館は、長男の久彌によって、彌太郎の没後一一年の明治二九年（一八九六）に建てられた。イギリス人ジョサイア・コンドルの設計で、貴重な明治の洋館として国の重要文化財に指定されている。

森のような木立に囲まれた五五〇〇坪の敷地は、四季を通じての都民のいこいの場であり、

万一の場合の防災緑地でもある。詳しくは後に紹介する。

2　土佐の若き血

日本の経営史上、最もエネルギッシュだった男・岩崎彌太郎、土佐の「ど田舎」の出身である。北は四国山脈が屏風となり、南は太平洋が際限なく広がる。

高知の東へ一〇里（約四〇キロ）、さらに東に一〇里行けば室戸岬。貧しい村の貧しい家に、産婆も腰を抜かすような強烈な呱々《ここ》の声をあげた。妙見山の麓の井ノ口村《いのくちむら》（現高知県安芸市）、天保五年一二月一一日（一八三五年一月九日）、明治維新の三三年前だった。

人々の生活は決して楽ではなかった。楽ではなかったが、悲観してもいなかった。なぜなら、そういう生活しか知らなかったからだ。なんといっても、南国土佐。海がある。山がある。太陽がある。

その太陽をめいっぱい浴びて、稀代の悪ガキ、岩崎彌太郎は成長した。やがて学問に目覚め、武士の資格を失った地下《じげ》浪人の倅でありながら江戸遊学の機会を得る。滑ったり転んだり波瀾の青年時代を送ったが、社会変革の風吹く中、人材登用の土佐なればこそ、出世のチャンスをつかむ。

土佐の岩崎一族

そもそも岩崎一族は甲斐の武田氏の末裔で、家紋である三階菱《さんがいびし》は武田菱に由来するという。いつのころからか土佐に移り住み、永らく安芸氏に仕えた。永禄一二年（一五六九）に安芸国虎が長宗我部元親に滅ぼされてからは、長宗我部氏に仕えた。

関ヶ原の戦いの後、慶長六年（一六〇一）に、土佐に山内一豊が入国。「一領具足」と呼ばれた半農半士の長宗我部の家臣団は、砦に立て籠もって抵抗し、あるいは山野に隠れて農耕生活に入った。岩崎一族も山に入ったが、世の中が落ち着くと、山内氏の懐柔策に応じて山を下り、郷士に取り立てられた。郷士とは、長宗我部時代と同様に、平時は農耕に従事し一朝事あるときは主君のために働く、いわば在郷武士である。

その郷士職は、実は江戸時代も後期になると売買されるようになった。商人にせよ農民にせよ、郷士職を買い取ると武士の端くれになることができ、名字帯刀を許された。高知城下の裕福な商人の家系に生まれた坂本龍馬などはその例である。

岩崎彌太郎は坂本の逆で、もともと郷士の家系だが、三代前のときに生活苦から郷士職を売ってしまい武士の資格を失っていた。そういう人たちは「地下浪人」と呼ばれた。ただし、郷士を四〇年以上務めた家系は、他譲しても名字帯刀が許された。

彌太郎はそんな貧しい、それでいて誇りある「元郷士」の長男に生まれた。

井ノ口村の岩崎家

生家の近くの丘の中腹に、宝永元年（一七〇四）没の彌兵衛を初代とする岩崎家の先祖代々の墓がある。この墓に祀られているのは七代目の彌三郎、すなわち彌太郎の祖父までである。六代目の彌次右衛門が寛政七年（一七九五）に「勝手向不如意と相成り」（『美福院手記纂要』）、郷士職を売って「地下浪人」と呼ばれる身になった。以来、七代目彌三郎、八代目彌次郎と地下浪人時代が続いた。九代目の彌太郎になって、文久元年（一八六一）に念願の郷士職を買い戻した。

菩提寺はその墓から二キロ余り北にある曹洞宗の閑慶院。今日、彌太郎と彌之助の位牌が預けられている。鐘楼《しょうろう》のかたわらに樹齢六〇〇年の椋《むく》の木がある。永禄年間開山の古刹で、自称

「夕焼け小焼け」（作詞、中村雨紅）の寺。求めれば善浪正昭住職夫妻が気さくに閑慶院の由来や彌太郎・彌之助がらみの話をしてくれるだろう。

八代目の彌次郎以降は、東京の染井にある岩崎家の墓所に埋葬されている。有名な染井霊園ではなく、同霊園に隣接した私有墓地である。非公開なので関係者以外はグーグルの航空写真で想像するしかない。

岩崎久彌一家（後列中央が彦彌太）

中央に岩崎家九代目にあたる彌太郎。右に母・美和、さらに右に父・彌次郎。彌太郎の左に妻・喜勢《きせ》、さらに左に一〇代目の久彌・寧子《しづこ》夫妻、そして最左翼に一一代目の彦彌太・操子《あやこ》夫妻。計六基の墓石が並ぶ。代々木にある真言律宗の雲照寺が菩提寺である。美和が東京に移ってから宗旨替えした。

一二代目にあたる寛彌は、平成二〇年（二〇〇八）に没したが、この墓所ではなく、谷中の全生庵《ぜんしょうあん》に眠る。もはや三菱のオーナーではなく純粋に一私人だったからだ。子供がいなかったので永代供養墓に入った。こちらは臨済宗。山岡鉄舟の墓もある古刹だ。寛彌は東大の学生時代に三島の龍沢寺《りゅうたくじ》で山本玄峰《げんぽう》師の下で座禅をしたことがあり、その縁で全生庵の座禅会にときどき参加していた。ちなみに山本師は、終戦の詔に「耐え難きを耐え、忍び難きを忍び」の文言を入れるよう鈴木貫太郎首相に進言した人である。

話を戻して、家伝によれば、現存する井ノ口村の彌太郎の生まれた家は、皮肉にも郷士職を売った彌次右衛門が建てたという。郷士職を売ったのが先なのか家を建てたのが先なのかは明らかでない。

入母屋《いりもや》造りの生家は築後一五〇年以上経って老朽化が激しかったのと、他の古い農家同様藁葺き屋根でメンテナンスが大変だったため、平成一三年（二〇〇一）に本格的改修をし、そのとき屋根を茅葺きに変えた。

庭の一角には若き日の彌太郎が作ったといわれる日本列島を形作った石組みがある。もし本当にそうなら、彌太郎の目はそのころから日本全体を捉えていたということになる。さて……。

生家の敷地は広く、三菱マークのついた蔵まであって豪農を思わせるが、彌太郎が育ったころは母屋部分のみだった。広い庭と、裏手の果樹園や畑になっている部分は、成功してから漸次買い上げたものだ。大正時代に久彌によって建てられた蔵には、今はお宝は入っていない。ただ、次の葺き替えに備えて毎年買い込んでいる茅が保管されている。

その庭におよそ場違いな巨大な石碑がある。「岩崎彌太郎生誕之地」の碑文は漢学者の諸橋轍次博士の撰ならびに書である。昭和三七年（一九六二）に「三菱系諸社同人」が建てたと彫られている。財閥解体で昭和二一年（一九四六）に本社を解散させられバラバラになった三菱各社が、平和条約成って再び結集し肩に力が入っていたころのことなので、このように大きな石碑になったのだろう。台座に使われた石ともども、高知県内のあちこちを探した末に室戸に近い奈半利《なはり》の浜で見つけ、船で安芸まで運んだ。

ちなみに諸橋博士は、親文字五万余、熟語五三万余を収録した世界最大の漢和辞典である「大漢和辞典」の編纂者。大正一〇年（一九二一）から没するまでの約六〇年間、岩崎彌之助・小彌太父子の蒐集《しゅうしゅう》した古文書や文化財を所蔵する「静嘉堂《せいかどう》文庫」の文庫長を務めた。戦後、今上天皇の皇太子時代に漢学をご進講するなど天皇家の信頼篤く、浩宮、礼宮、紀宮、各宮様の「御名号」「御称号」を上申した。文化勲章受章、勲一等瑞宝章を受けた。三男の晋六は昭和六一年（一九八六）から平成四年（一九九二）まで三菱商事の社長を務めている。

この親にして……

彌太郎の母・美和は安芸浦西ノ浜の、郷士格である医者・小野慶三の娘だったが、幼いときに父と死別し、行儀見習いを兼ねて高知の五藤良右衛門の屋敷に奉公した。間もなく母も亡くなり、一七歳のとき医者である長兄・順吉の友人の紹介で井ノ口村の岩崎彌次郎に嫁いだ。次兄の篤治も医者であり、姉の時《とき》は土佐藩随一の儒者・岡本寧浦《ねいほ》に嫁いでいるから、大変なインテリ一家だったといえる。

彌次郎はというと、岩崎家の本家筋ではあったが、酒癖が悪くしばしば物議をかもした。不平不満の塊りだった。美和は次のように書き残している。

「彌次郎様は、幼き時から学問は仕込み、読む物は十分に読め、何事も能く相判り候えども……心開けず、其の上、人より心激しきゆえ、数々人寄り合いの所へ行き……言葉遣い眼遣いが悪いとかで大声で十分に悪口して……」(『美福院手記纂要』)

岩崎彌次郎。曲がったことが嫌いで、直情径行、すぐカッとなる。筋の通らないことは断固許せない。自己流の正義感に燃え、自分と自分の小作人のためにはとことん戦う。典型的な「土佐のいごっそう」だった。

彌太郎に最初に学問の手ほどきをしたのは父・彌次郎である。痩せても枯れても武士の末裔。飲んだくれで百姓仕事に追われる地下浪人とはいえ、四書五経を読むだけの教養はあった。

いつも泥だらけで、母の顔を見るとすぐ「ハラがへった」と言う彌太郎に、母の美和は言った。「彌太郎や、お坊さんにおなりなさい。いつでもおなかいっぱい食べられます。だけど、ガマンして学問に秀でるようになれば、人の上に立つことができます。どっちにするかは、あなた次第です」。学問の大切さを、母からうま〜く吹き込まれた彌太郎だった。

……この子あり

彌太郎はやがて安芸の小牧米山《めいざん》に師事し、その後、分家筋の岩崎彌助（峴山《けんざん》）に学んだ。彌太郎は父と違って、現状に不満はなかった。勉強は楽しかったし、めいっぱい遊べたし、たとえハラがへって力が入らなくとも、「なんとかなる」と思い「なんとかする」つもりでいた。

弘化四年（一八四七）、彌太郎が満一二歳の秋、藩主の山内豊熙《とよてる》が土佐東部の三郡を視察した際に、漢詩を作って奉呈し、扇子ならびに銀若干を拝領した。師の添削が入っているのであろうが、読み下すと次のようなのどかな詩である。

駸々《しんしん》として車馬東に向って過ぐ
正に小春に會し風色多し
梅は香脣《こうしん》を発しては猶ほ喜笑するが如く
鶯は澁舌を調して恰も春に和す
文明の化、村々の俗に及び
秋熟し歓び傳ふ處々の歌
仰ぎ望む寛仁の量海の如く
山童早く已に恩波に浴す

土佐の田舎の悪ガキの詩歌の世界は、美化され、のどかだった。殿様としては、いい気分だったに違いない。

彌太郎は頭のきれる子であり、負けん気の強い子だった。井ノ口村一番の、手に負えないガキ大将だった。村の西側にそびえる妙見山に、子分たちを率いてよく登った。海抜四四八メートル。山頂にある星神社からは、はるかに広がる太平洋が見える。黒潮の海だ。夏には水平線にもくもくと積乱雲が湧く。思いは際限なく広がるのだった。

一四歳のとき高知に出て伯母の嫁ぎ先でもある岡本寧浦の紅友塾に住み込み、本格的に学問に励む。岡本は土佐一番の儒学者だった。学問は、貧しくとも頭のきれる少年が世に出る道。人一倍の集中力と探究心で、鬼気迫るように学ぶ彌太郎だった。偉くなるんだという明確な目標を持っていた。

万次郎体験

嘉永四年（一八五一）、土佐の西のはずれ、中ノ浜の漁師・万次郎が、太平洋で消息を絶ってから一〇年後、アメリカから琉球に帰国した。一四歳のとき大人たちとカツオ船に乗って遭難し、鳥島にたどり着いてアホウドリを食べながら生き延びているところを、アメリカの捕鯨船に発見され、他の四人とともにハワイに連れていかれたのだった。

最年少で頭も良かった万次郎はホイットフィールド船長に気に入られ、一人だけ捕鯨船に見習いとして残り、航海を続けた。仕事を叩き込まれ言葉を教えられながら、南米最先端のマゼラン海峡を廻り、やがて船長の故郷であるアメリカの東海岸マサチューセッツ州のフェアヘブンに着いた。

アメリカでは、船長の養子となり、学校にも通わせてもらい、英語や数学のほか、測量、航海術、造船技術などを学んだ。万次郎はマサチューセッツの人々と交わり、民主主義を知り、人種差別も体験し、アメリカの生活に馴染んでいった。

ホイットフィールド船長の住んでいた築一五〇年余の家は、日野原重明聖路加国際病院理事長らの尽力により、「ホイットフィールド・万次郎友好記念館」としてフェアヘブンの町に残っている。万次郎の出身地である土佐清水市が定期的な交流を欠かさない。

さて、少年はいつまでも少年ではない。万次郎は見るからにたくましい青年となって再び捕鯨船に乗った。さらに高度な技術を習得し一等航海士、副船長にもなった。山っ気を出し、ゴールドラッシュに沸くカリフォルニアの金鉱山で働いたこともあった。

しかし、望郷の念いかんともしがたく、帰国を決意してハワイに渡り、農園で働いていたかつての遭難仲間に会う。そして、帰国に賛同した二人とともに捕鯨船に乗って太平洋を渡り、琉球の摩文仁《まぶに》の沖まで来て、ボートに乗り換えて上陸したのだった。

鎖国の時代である。当然捕まって、琉球、薩摩、そして長崎で、厳しい取り調べを受けた……というのは表向きの話、薩摩藩にせよ、長崎奉行にせよ、そのころは海外の話は細大漏らさず聞きたかったはず。丁重に扱われたに違いない。万次郎はかれこれ帰国二年後に土佐に戻ることができた。

土佐藩では、吉田東洋や後藤象二郎が万次郎から米国事情を聴取した後、画家で儒学者の河田小龍に万次郎を預けた。河田は万次郎に日本語を徐々に思い出させながら日本社会に溶け込むための教育を施した。

河田が万次郎から聞き出した米国事情は『漂巽紀略《ひょうそんきりゃく》』としてまとめられた。これは万次郎の話に基づいて、実際には見たことのない河田が図解し解説したもので、今日では思わず笑ってしまう部分もあるが大真面目な本である。

万次郎の話を聞こうと土佐の各地から大勢の人が集まった。特に熱心だったのは時代の変革を敏感に感じる下級武士たちだった。直接、あるいは又聞きで、万次郎の話に心をときめかせた。岩崎彌太郎しかり、坂本龍馬しかりだったろう。

彌太郎も坂本も好奇心の塊りの一七〜一八歳だった。後に坂本が唐突に勝海舟に師事したり世界の海援隊になりたいと言ったりするのも、この万次郎体験がベースにあったからだといってよい。

嘉永六年（一八五三）、ペリーがフィルモア大統領の国書を持って、「サスケハナ号」を旗艦とする四隻の黒船で浦賀にやってきた。強大な武力を背景に、日本に開国を求めてきたのだ。幕府の懇請にいったんは引き下がったペリーだったが、翌年早々に、今度は「ポーハタン号」を旗艦として再び来航、東京湾に進入し、神奈川沖に停泊して幕府に迫る。黒船艦隊の圧倒的迫力。守備につく幕府や各藩は右往左往するばかり。幕府は威嚇に屈して横浜でペリーと会見、なんとか通商は拒否することができたが、日米和親条約を締結させられ、食糧や燃料の供給のために下田と箱館に外国の船を迎えることになった。

彌太郎、江戸へ

話は戻って、高知の岡本寧浦の下で勉学に励んでいた彌太郎だったが、心はまったく満たされなかった。土佐にいたのでは世界がわらない。日本のことだってつかめない。江戸へ出たい。江戸には幕府がある。華やかな文化がある。最高の学者がいる。

嘉永六年（一八五三）、師である岡本が急死。やむなく井ノ口村に帰る。運のついていない自分を嘆きながら、長男ゆえに百姓仕事に戻った彌太郎だが、翌安政元年（一八五四）、儒学者の奥宮慥斎《おくのみやぞうさい》が近々江戸藩邸詰めになることを知る。奥宮は岡本と同門だった。彌太郎はひらめいた。

「そうだ、頼んでみよう。この機を失ってなるものか。江戸だ、江戸、江戸。江戸へ行きたい」

彌太郎は一〇里の道を走って高知へ行き、初対面の奥宮に江戸に帯同してくれるよう訴えた。突然の話に当惑した奥宮だが、最後には彌太郎の熱心さに心を動かされた。利発そうな青年だ。同門の岡本の義理の甥でもあるこの若者にチャンスを与えてやるか……。

本来は地下浪人の身分では許されない江戸遊学だが、奥宮は特に藩に願い出て、従者ということにして江戸へ帯同する許可を得たのだった。

いよいよ江戸へ向かう。高知を発った奥宮慥斎とその母と供の者の三人が井ノ口村まで来て、その晩は彌太郎の家に泊まった。次の日、四人で江戸に旅立つ。

出発の朝、彌太郎はまだ暗いうちに起きて妙見山に登った。はなたれ小僧のころからよく登った裏山だ。頂の星神社には天之御中主神《あめのみなかぬしのかみ》が祀られている。北斗七星に宿る神様だ。だから村で一番高いところにある。

空気は澄んで実に清々しい。拝殿に参拝すると、彌太郎は懐から筆入れを出し、星の明かりを頼りに門扉に墨痕鮮やかに書き記した。

吾れ、志を得ずんば、ふたたび此の山に登らず

彌太郎、一九歳。大変な気負いだが、この気負いなくして大事はなし得ない。幕末維新の志士たちは、大酒を食らっては大言壮語した。彌太郎もその一人だったのだ。

井ノ口村の人たちに送られ、一行四人は安芸の海まで出ると、海岸沿いに東へ向かった。歩き歩いて泊まって歩いて、室戸岬を廻り美津浦に至り捕鯨を見る。美津浦から船で阿波に入り、由岐から淡路に渡った。そして兵庫へ。さらに、大坂、京都、そして東海道を行く。

道中は決して物見遊山ではなく、奥宮による彌太郎特訓の旅だった。道々漢詩を作らせては指導し、宿では漢書を読ませ、地理や兵学を説いた。江戸に着くまでに、この田舎青年を少しでもレベルアップさせようとの奥宮らしい真面目な道行だった。彌太郎も希望に燃え、奥宮の教えを貪欲に吸収した。

はじめて富士の峯を仰ぎ、箱根を越えたときは、

長亭短驛　幾辛難

始めて芙峰《ふほう》に對して笑顔を開く

終ひに夢痕の消し得ざるあり
秋風一歛《いちれん》　函闢《かんかん》を渡る

と、詠っている。長旅の疲れよりもあふれる希望で足取りは軽かったことだろう。

艮斎塾の日々

土佐を出てから六〇日後に江戸に到着した。藩邸に旅装を解き、まずは奥宮に連れられて江戸を見物する。百万都市江戸の賑わいに上気しながら筋違門《すじかいもん》まで来たとき、彌太郎は高齢の門番を見て、大きな声で言った。

「あんな老いぼれではアメリカにあなどられて当然。徳川の世も終わりに近い」

すかさず奥宮に、

「たわけ者め。場をわきまえて物を言え」

と一喝される。土佐弁丸出しだったので江戸っ子には理解できなかったであろうが、あぶない、あぶない。

安積艮斎《あさかごんさい》の見山塾は駿河台にある。奥宮に連れられ、入門志願を取り次いでもらうが、その後音沙汰なし。ただ待つばかり。何分にも昌平黌《しょうへいこう》の教授の私塾。名門中の名門。奥宮があちこち奔走してくれるが、そう簡単なことではなかった。

安積艮斎は郡山の安積国造《くにつこ》神社の神官の倅で、江戸に出て学び、二本松藩の藩校教授などを経て、幕府直轄の最高学府・昌平黌の教授にまで上り詰める。かたわら私塾で志ある若者たちを指導した。

艮斎は古典のみならず明や清の書物によって外国事情にも通じており、渡辺崋山や高野長英とも付き合いがあった。名声は全国に轟き、幕府や各藩の若者が門を叩いた。たとえば、小栗忠順《ただまさ》、吉田松陰、高杉晋作、清河八郎、重野安繹《やすつぐ》……（安積艮斎顕彰会『安積艮斎門人帳』による）。谷干城など土佐藩士も多く、このころの塾頭は彌太郎の親戚でもある岩崎馬之助だった。

ついに見山塾に入ることを許されるときが来た。藩邸から出て見山塾に住み込むと、彌太郎の猛勉強の日々がはじまった。師の言葉を細大漏らさず聞き取ろうと耳を傾け、昼といわず夜といわず、可能な限り和漢の書を読む。岡本寧浦や奥宮慥斎の薫陶を得てきた彌太郎は、特に史学に秀で詩文に長《た》けていた。塾生の中でめきめき頭角を現わしていく。

渇望していた学問にのめり込む彌太郎。艮斎の知識と思想をひたすら吸収した。同僚と激しい議論をした。その後の「彌太郎らしさ」の原型が、この見山塾の質の高い生活の中で急激に形作られていった。

ところが、安政二年（一八五五）一二月になり、土佐の足軽が母の書状をもたらした。父・彌次郎が滅多打ちに遭い重傷だという。頑固一徹、飲んだくれの父。また問題を起こした。しばらくは愕然とする。

しかし、父は父。どこまでも父。家族の絆の強い岩崎家である。長男としては看過することはできない。やっと実現した江戸遊学、しかも最高峰・安積艮斎の塾に入門を許されてちょうど一年、学問への情熱は燃え盛っていた。しかし、岩崎家の一大事。やんぬるかな。彌太郎は帰国を決意する。

彌太郎が見山塾の中でどう見られていたかは、志半ばで土佐へ戻ると決めたとき、門人たちがくれた惜別の書から容易に推察される。この書は岩崎家の宝であり、今日も三菱史料館に大切に保管されている。

「……それ人となりや豪邁不羈《ごうまいふき》（抜群に優れ枠にはまらない）、読書を好み、ほぼ群書を渉《わた》る。而して処事に及ぶや断然、未だかつて猶予ならず。義を見てこれを為さざるはなきなり。このゆえに社中の友人、みな好古（彌太郎の字《あざな》）の他日有成せんことを知る……」

「……予、ひそかに好古の容貌・気質を視るに、けだし百里の材にあらざらんや。然りといえども好古の心は自ら是ならず。己を省みて以て忍び、汲々孜々《しし》として、夜以て日を継ぐ。その功、豈《あ》に測るべけんや……」

「……好古は長身、顧眄《こべん》（振り返ってみる）にして峭聳《しょうしょう》（険しく聳える）、眼光人を射る。細行を顧みず、志は湖海を呑み、気は雲霄《うんしょう》を干す。人の難に赴くごとに、義のある所、敢へて一歩も譲らず……」

などなど。各藩の精鋭が、彌太郎の早期帰郷を惜しんで言葉を寄せている。

江戸を出立したのは一二月一四日だった。故郷を出るとき母が持たせてくれたすべての衣服を風呂敷に包み、それを道々売って路銀としながら、東海道を西へ西へ。雪の箱根をほとんど走るようにして越え、増水した大井川では制止する人足《にんそく》たちを振り切って、自らの足で渡った。

大坂からは船に乗って阿波と土佐の国境の甲浦に渡り、急ぎに急いで一二月二九日の晩遅く井ノ口村に着いた。藩の早飛脚でも一四日かかるところを、自らの足だけで一六日でたどり着いたのだった。

入獄体験

帰国した彌太郎が母・美和の話を聞いてみると、あまりに理不尽だった。

百姓たちと庄屋である島田便右衛門の三年越しの水争いが、彌次郎の奔走でようやく収まり、庄屋宅で手打ちの宴ということになったが、お互い本心では納得していなかったため、たちまち言い争いになった。酔った勢いで庄屋に罵詈雑言を浴びせた彌次郎は手下により袋叩きに遭ってしまう。全身青あざ。人事不省となって美和のもとへ運び込まれた。

ひどい。あまりにひどい。美和は徹夜で看病し、翌日庄屋宅に押しかけた。事の次第を問いただすが、庄屋は言を左右にして埒《らち》が明かない。憤懣やるかたなく役所に訴え出るも、役所は酒の上のこととして取り合わない。というわけで、美和はやむなく江戸の彌太郎に窮状を知らせる書状をしたため、幸便に託したのだった。

帰国した彌太郎は、岩崎家の長男としてあらためて郡奉行に訴え出た。取り調べの役人は一応双方に事情聴取をしたが、一族の岩崎鉄吾や岩崎寅之助までが事を穏便に収めようと庄屋寄りの証言をしたため、彌次郎は「濫《みだ》りにお上を煩わす者」と見做され取り上げてもらえない。

その晩、彌太郎は怒りを込めて奉行所の壁に墨で黒々と、

官以賄賂成　獄因愛憎決（官は賄賂をもってなり、獄は愛憎によって決す）

と大書した。

まったく後先考えない彌太郎。「狼藉者」として囚われの身になってしまう。結局、彌太郎は未決のまま七カ月獄につながれた。

美和は後日、このころが最もつらかったと手記『美福院手記纂要』に記している。夫の彌次郎は半身不随、長男は獄。周囲から白い目で見られながら、まだ五歳の次男・彌之助の手を引き畑に通った。

そんな中で、ただ一人、気を遣ってくれたのが小作人の宅平だった。宅平は主人のために尽くすのは当然のこととして、農作業や力仕事を手伝い、美和の精神的支えにもなった。獄中の彌太郎は宅平に心から感謝し、幼い彌之助は宅平を慕った。

この宅平の子孫が現在高知市にいて、東京在の岩崎家の代理人をしている弘田富茂氏である。車で安芸との間を往復しながら、夫人ともども彌太郎の生家や岩崎家代々の墓を守り、安芸市や菩提寺の閑慶院との関係にも心をくだいている。岩崎家を心から敬う誠実な夫妻である。

さて、長い間審理されないままだった彌次郎と庄屋の争いは、結局喧嘩両成敗の形で決着した。岩崎、島田両家は家名削除となり、お上に無礼を働いた彌太郎は居村追放処分ならびに高知城下四カ村禁足を言い渡された。

この獄中生活は彌太郎の反骨精神を骨の髄まで染み込ませることになる。また、世の中は変わりつつあり、彌太郎がその後の人生をあの手この手で切り開いていく知恵の泉と活力の源になる。まったく、人生何が起こるかわからない。

七カ月の獄中の生活はたしかに不自由だったが、それほど厳しいものではなかったようだ。三菱史料館に彌太郎が獄中でこっそり和紙に爪で書いて託した手紙が何通か保管されている。不鮮明で判読が非常に難しく、矯《た》めつ眇《すが》めつ虫眼鏡を使うなどしてなんとか読むことができたが、期待に反し深刻な内容ではなく、季節の移ろいを詠った自作の漢詩などだった。

獄中では毎日することがないため、時間つぶしに商人から算術を学び、あるいは魚梁瀬《やなせ》地区の樵《きこり》の話に耳を傾けたという。雑居房ならではのことである。彌太郎は後に経済界で大成功を収めたので、話にいろいろと尾ひれがつくのはやむを得ないが、ここでの商人たちとのふれあいが、彌太郎の視野を広げたことは間違いなさそうである。

話は飛ぶが、のちのち出会いがありお互いに一目置くことになる岩崎彌太郎と福沢諭吉。福沢は、このころ大坂の緒方洪庵の適塾に住み込んで、はちゃめちゃな生活をしながら猛勉強していた。『福翁自伝』にこうある。

「安政三年の十一月頃から塾にはいって内塾生となり……豚の頭をもらって来て、奥から鉈《なた》を借りて来てまず解剖的に脳だの眼だのよくよく調べて、さんざんいじくったあとを煮て食った。……夕方食事の時分にもし酒があれば酒を飲んで初更《よい》に寝る。……十時か十一時過ぎ、ヒョイと起きて書を読む。夜明けまで書を読んで……また寝る。……朝湯にはいって、それから塾に帰って朝食を食べてまた書を読む。

……いよいよ明日が会読だというその晩は、いかな懶惰生《らんだせい》でもたいてい寝ることはない。ズーフ部屋という字引のある部屋に、五人も十人も群れをなして無言で字引を引きつつ勉強している……」

大坂の福沢と土佐の彌太郎、この時点では何の関わりもなかったが、志ある若者が日本中でがむしゃらに生きていた。日本は確実に変わりつつあった。

吉田東洋・後藤象二郎との出会い

日米和親条約が結ばれて二年後の安政三年（一八五六）に、アメリカの総領事としてハリスが通商を求めて来日した。ハリスは侵略の意図のあるイギリスの危険性を強調して穏健なアメリカと通商条約を結ぶよう老中・堀田正睦《まさよし》に迫る。堀田は条約締結の勅許を得るため京に上るが、朝廷は攘夷に固執したので立ち往生。おまけに、幕府内部は将軍・家定の継嗣をめぐって一橋派と南紀派に分かれて混乱の極み。

時は安政五年（一八五八）、日本はいよいよ内外多難な時期にさしかかる。四月に井伊直弼が大老に就任、六月に日米修交通商条約調印、九月には安政の大獄がはじまり、翌年一〇月には吉田松陰が死罪になった。万延元年（一八六〇）三月、今度は水戸浪士たちによる桜田門外の変で井伊大老が惨殺される。

そんな状況の日本。土佐の田舎では、居村追放となった彌太郎が安政四年（一八五七）に井ノ口村を出、高知城下に近い村に移った。寺子屋まがいのことをしながら生計を立て、赦免となる日を待つ。大坂で青春を謳歌していた福沢諭吉とは大違いだ。辛抱、辛抱。

やがて、追放赦免の日が来た。同時に家名の復活もなり、井ノ口村に戻ることができた。しばらくは不在中に荒れた畑を耕したり、滞った雑事を片付けたりする。だが、土佐の田舎といえども、江戸の出来事は聞こえてくる。

じっとしていられない彌太郎はやがて村を出、姉の琴が嫁いだ高知に近い吉村喜久次宅に居候すると、吉田東洋の少林塾の門を叩いた。

本来、上士の子弟相手の少林塾だが、地下浪人の分際ながら彌太郎は江戸で安積艮斎の塾に学んだことが評価され、入門を許された。吉田の人材登用主義のゆえであろう。岩崎彌太郎、二三歳だった。ここで生涯の友・後藤象二郎と出会う。

先に、藩主の客に無礼な行為をしたとの理由で山内容堂から蟄居を命じられた吉田は、高知城下を出て長浜村に住み、若者たちに学問を教えながら時が来るのを待っていた。教えるものは四書五経ではなく、経済政策や国防論、いわば実学。ということは、少林塾は来るべき日に備えての人材養成機関的な存在だった。

博学にして明敏、政治経済に強く、卓抜した識見を持つ吉田東洋は、水戸藩の藤田東湖と並び称された存在だった。藤田は幕末の志士たちに大きな影響を与えた水戸学の最高峰。天皇中心の国の形を信奉する。国のために命を捧げた人の霊を「英霊」と言うが、この言葉の初出は「天地正大の気、粋然として神州に鐘《あつ》まる」ではじまる有名な藤田の漢詩、『正気歌《せいきのうた》』の中の「人亡ぶと雖も、英霊未だ嘗て泯《ほろ》びず」である。

内憂外患の国家的危機をいかに克服するか、天皇を戴き幕府を中心にまとまるという思想は水戸の藤田と大いに通じるものがあったが、開明派の吉田は日本の置かれた状況を把握しており、その分、各論において藤田よりも現実路線だった。

初の長崎出張、はしゃぎ過ぎ

さて、土佐藩。逼迫する内外の情勢を考えれば、吉田東洋ほどの切れ者が藩の中枢からいつまでも遠ざけられているわけがない。安政五年（一八五八）、山内容堂に再び重用され参政になると、後藤象二郎ら門下生を多く登用し、保守派によって硬直化・弱体化していた藩政の改革に取り組んだ。

吉田東洋の政策の根本は開国と国防力強化だ。適材適所、人材登用の道を拓き、海運、貿易、殖産興業の施策を押し進める。日本の生き残る道はそれしかない。明快である。その吉田に、なんと、彌太郎が指名されて、格上の下許《しももと》武兵衛と組んで長崎へ行くことになる。日本を取り巻く情勢や、列強の清国侵略の実態など国際情勢を把握するためだ。安政六年（一八五九）のことである。

長崎は時代の最先端。江戸遊学の経験があるとはいえ、ぽっと出の彌太郎は蒸気船の数々に目を見張る。異人館や煉瓦造りの製鉄所に驚く。行き来する西洋人の異様な容貌や、モズのさえずりのような異人言葉。はてさて、どうやって海外事情や武器売買の情報を聞き出したらいいのやら。

とにもかくにも、夜な夜な外国商人を料亭に招き、芸者を揃えて派手に盛り上げて人脈を広げる。イギリス人に取り入り軍艦の中を見せてもらったり、清国人から太平天国の乱について聴取もした。だが、藩の期待にはほど遠い成果。ほとんど何もわからない。真面目に考えると焦りを覚えるが、藩の費用で賄う宴会も悪いものではない。

このころの彌太郎の日記は実に克明で、情報収集に努力したことはよくわかるが、下許武兵衛ともども酒と女漬けで舞い上がっていたこともわかる。漢字が多く慣れないと読みにくいが我慢して読んでいくと、そのときの情景が容易に想像されるので、日記をちょっとだけ引用する。

「此度の御用向きは亜魯（ロシア）、花旗（アメリカ）、仏郎（フランス）、蘭（オランダ）、英（イギリス）諸国の風土、形勢、制度、子細に詮議致し候様申し聞かされ、罷り越し候様、仰せ聞かさる、当地御指立に相成候ところ、当地にては格別、右の等の儀、相心得候者は一人もこれ無きにつき（長崎には外国の事情など知っている者は一人もいない）、拠《よる》べなくそれぞれ調方相調《ととの》い申さず（これでは職責を果たせない）、実に面に汗するばかり……」

「……ついに花月楼に入り酒を命ず……大いに豪興を催し夜四つ（一〇時）ころ迄歌舞・拇戦（指

相撲）し、それより遣り手ちかを誘い、歌妓をことごとく召し連れ、かまや（釜屋）の楼に上り、又々妓数輩を呼び寄せ、歌舞せしむ、帰途浪花楼の前を過ぐ。老婢二三人来り無理に余を誘ひ、やむを得ず又浪花楼に酒置（酒盛り）・高会（盛宴）これ久しくす。花月楼を回り、歌妓数輩周旋し至る（呼んでもらったら来た）。最早、余程酔ひを帯び、新たに雑炊を命じ、喫訖《きっきつ》（食べ終え）乃ち臥す……」（『瓊浦《けいほ》日録』乾坤）

いやはや、何たることか。安積艮斎塾の秀才の矜持や今いずこ。若気の至りとはいえ情けない限り。彌太郎の感覚は麻痺し、公私混同、公金使い込みに等しい状況。

そんな中である日、彌太郎は事の重大さにハッと気がついた。使い過ぎだ。これはまずい。絶対まずい。下許の了承を得て急遽帰国し、金策に走り回った。

なんとか弁済することはできたが、本藩に無断で帰国したことが任務放棄と見做され罷免となる。

万延元年（一八六〇）、二五歳。江戸桜田門外、井伊大老暗殺の一カ月後だった。

時を待つ

罷免された彌太郎は井ノ口村に戻る。反省遅かりし。ひたすら謹慎するしかない。読書と野良仕事三昧。ここは辛抱。辛抱だ。めげない男である。いずれ自分の出番が来る。「なんとかなる」「なんとかする」、そう信じる日々だった。思い立って、たびたび氾濫して荒廃地となっている安芸川の両岸に新田を開発したりもした。綿作地も作った。

一方では、人材登用の世とはいえ、地下浪人の身では将来は開けないことを見通していた彌太郎は、八方手を尽くして借財をし、郷士職を買い戻した。文久二年（一八六二）、二七歳だった。また、世話する人があって、郷士・高芝玄馬の娘・喜勢と結婚する。そして、高知に移った。

土佐藩では進歩派と保守派、それに下士層の勤王派が激しく争っていた。開国か攘夷か。改革か現状維持か。殺気立つ土佐藩。参政・吉田東洋は日本を取り巻く情勢に即応、富国強兵策を推進、海運や貿易を振興し殖産興業と進歩的な経済政策を進める。だが、当然のことながら謹慎中の彌太郎は蚊帳の外だった。

ところが、そんなある雨の晩、吉田東洋は藩主・山内豊範《とよのり》に歴史の講義をしての帰途、武市半平太らの土佐勤王党の一派によって暗殺されてしまう。下手人は那須信吾ら三名。文久二年

（一八六二）四月だった。

土佐藩の政情は一変する。保守派が実権を握り、開国進取の姿勢は退けられる。後藤象二郎、福岡孝弟《たかちか》ら要職にある東洋門下生は次々に罷免され、放擲された。彌太郎は落第生とはいえ、まがりなりにも東洋門下生。へたに動かない方がいい。

そうこうしていると、その保守派の牛耳る藩庁から突然の呼び出しがあった。藩主・山内豊範の上洛についていくようにとの命令。運が開けてきたのか、あるいはウラがあるのか。しかし、そんなことを考えているヒマはない。命令に従い、お供に加わって出発した。兵庫から大坂までは隊から離れてもよいと言われ先行して大坂入りした。ところが、無断で隊列を離れたという理由で、彌太郎は帰国を命じられてしまう。誤解だったのか、あるいは奸計だったのか。

運命はわからないものである。同じ吉田東洋門下の井上佐市郎も藩主同行を命じられ、無難に大坂入りしたが、翌日何者かに惨殺されて道頓堀で発見される。さらにもう一人の門下生、廣田章次も伏見で殺され淀川に捨てられていた。保守派の仕業である証拠はないが、彌太郎が帰国を命じられなければ同じ運命をたどったかもしれない。

いずれにせよ、お払い箱になった彌太郎は井ノ口村に戻った。釣りをするか、本を読むか。はたまた、安芸川沿いに新田を開発したり、農事に精を出したり。がまん、がまんの日が続く。

明治維新まで、あと六年。

文久三年（一八六三）、尊王攘夷から尊王開国へ変化する諸藩の動向を睨みながら、公武合体を旨とする山内容堂は土佐に戻った。勤王の過激派を抑えにかかるとともに、藩政に後藤象二郎や福岡孝弟らを復職させ、特に後藤は参政に抜擢した。開明派・東洋門下生の復権である。また、容堂は捕縛した清岡道之助ら過激派二三名を奈半利河原で斬首させ、翌年には武市半平太を「人心を煽動し君臣の義を乱した」として獄中で切腹せしめ、公武合体策の態勢を整えた。まさに血で血を洗う日々。明治維新まであと五年、今からわずか一五〇年ほど前のことだった。

そのころのアメリカ・ヨーロッパ

話は平成一三年（二〇〇一）に飛ぶが、宝塚歌劇で、岩崎彌太郎を主人公にしたミュージカル『猛き黄金の国』が上演された。原作、本宮ひろ志。脚本・演出、石田昌也。彌太郎は轟悠《とどろきゆう》、妻・喜勢は月影瞳《つきかげひとみ》という配役。タカラヅカというと、通常はたくましいヒーローと可憐なヒロインの純愛物語だが、これは異色の作品。筆者は上演に協力するとともに、プログラムに解説を書いたので、冒頭のところを紹介しておく。彌太郎の生きた時代、アメリカやヨーロッパはどうだったのか、タカラヅカの代表作の『風とともに去りぬ』『エリザベート』とすり合わせた。「一八六四年の秋。スカーレットは荒れ果てたタラの農園で東の空が明け染めていくのを見ていた。この何年か南部と北部は憎み合い殺し合った。北軍はアトランタの郊外まで迫り、スカーレットはメラニーを馬車に乗せタラに向けて脱出した。ようやくわが家へたどり着いたが愛する母はもうこの世にはいなかった。絶望の中でスカーレットは心に誓う。そうだ、私にはタラがある。どんなことがあっても、このタラの大地を守っていこう……。

同じころ、ヨーロッパでは、ハプスブルグの若き皇帝フランツ・ヨーゼフに嫁いだエリザベートが身も心もぼろぼろになって各地を旅していた。生まれ故郷バイエルンの自由な生活と比べてウイーンの宮廷生活は苦痛以外のなにものでもなかった。義務、儀礼、先例、しきたり、皇妃らしい振る舞い……。もう、いや。こんな生活はたくさん。エリザベートは闇の中でもがいていた。死神トートが『最後のダンスは私のもの』と手をさしのべた……。

その一八六四年の秋。日本では土佐藩の郷士・岩崎彌太郎が燃えたぎる血を抑えながら井ノ口村で新田開発に取り組んでいた。時は幕末。藩の中は攘夷か開国かで血で血を洗う毎日だった。彌太郎が師と仰ぐ開明派の吉田東洋が武市半平太一派に斬られ、藩の意向は攘夷に傾いていた。情勢われに利あらず。焦ってはならない。彌太郎、ひたすら待つ。時至るのを待つ。維新の足音は聞こえてくる。居ても立ってもいられない……」

郡下役・岩崎彌太郎

閑話休題。世界の中の日本。日本の中の土佐。彌太郎は、また高知に出た。時は慶応元年（一八六五）、身のまわりでもいろいろなことが動き出した。

かねて願い出ていた藩有林の伐採許可が下りた。材木を切り出して売りに出す。郷士ならではの発想だ。獄中で商人たちから学んだことが役に立った。八月には長男が誕生した。待望の男の子だ。久彌と命名した。

彌太郎の幟旗

そうこうしているうちに、彌太郎は郡の下役《したやく》に登用された。郡奉行に直属し、役人の証しである幟が作られた。紺地に白く「郡」の大文字を染め抜き、「岩崎彌太郎」の名が添えられている。公用で出かけるときは必ずその幟を供の者が掲げてついてくる。彌太郎、得意満面だった。ちなみに、この幟も岩崎家のお宝のひとつで、三菱史料館に保管されている。

翌慶応二年（一八六六）、殖産興業の実行機関として高知の九反田に開成館が新設された。樟脳・紙・茶・鰹節など土佐の物産の振興を図り、他藩や外国との取引によって富を得、技術を導入し軍備を拡充する。彌太郎はその貨殖局に勤めることになった。

今度こそ道が拓けると思われた。しかしほどなく上司と意見衝突して、またまた井ノ口村に戻らざるを得なくなった。まったくこらえ性のない男である。

関係者以外は知る由もなかったが、この年の一月には、坂本龍馬と中岡慎太郎の尽力で薩長連合がようやく成立、宿敵だった両藩は反幕府でひそかに手を握り、日本の歴史は大きく変わろうとしていた。幕末も幕末、至るところで風雲急を告げていた。

3　長崎の経済官僚

時は慶応二年（一八六六）。雲行きあやしい内外の動きに備えることは各藩の急務だった。なかでも、この社会変革の中で主導権を握ろうとする西南列藩は力が入っていた。

土佐藩の軍備を強化するために長崎にやってきたのが後藤象二郎である。藩の参政であり、商務組織である開成館の総裁でもあった。

開成館は殖産興業・貿易振興のために鳴り物入りで高知に設立されたもので、長崎の出張所を「長崎商会」と言ったが、長崎の人たちは「土佐商会」と呼んでいた。

後藤は即断即決で、まさに八面六臂の活躍。和紙や樟脳など土佐の産品を売る一方で、艦船や武器弾薬を次々に買い込む。ジョン万次郎らを引き連れて上海へ出張し船三隻を購入したこともある。

海援隊の誕生

長崎には坂本龍馬の率いる亀山社中があった。勝海舟らの尽力で神戸に設立された海軍操練所は、脱藩者たちの巣窟になっているとして、元治二年（一八六五）に閉鎖させられた。やむなく坂本は、薩摩の後押しで長崎の亀山に社中を結成して、操練所の仲間と海運や貿易に携わっていた。

かたわら、坂本は下関から大坂、京を奔走し、慶応二年（一八六六）、ついに薩長同盟を結実させた。龍馬はその直後寺田屋で襲われたが九死に一生を得、女房にしたお龍とともに鹿児島で英気を養った後、第二次長州征討では長州側に加わって戦った。

亀山社中は蒸気船を動かすという高等技術を持つ者の集団ではあったが、いかんせん、脱藩者の集団でもあり世間の信用もなく、資金繰りに窮していた。やっと入手した船を台風で失うという不運もあり、蒸気船の運航を請け負うだけの、いわば他人の褌で相撲を取る身。次第に行き詰まってきた。

後藤はそこに目をつけた。亀山社中を資金援助することにより土佐藩の別働隊として取り込む。脱藩した坂本の過去は問うまい、坂本一派のみならず、京でうろうろしている中岡慎太郎一派もパッケージで取り込めば、土佐藩は海と陸とで強力な助っ人を持つことになる。命知らずの彼らは変革の嵐の中で重要な役割を担うだろう。このアイデアは山内容堂公の受け入れるところとなった。「海援隊」の誕生である。

後藤にとって坂本は、叔父である吉田東洋を暗殺した土佐勤王党の一味だった男。坂本にとって後藤は、盟友・武市半平太を死に追いやったにっくき男である。しかし、過去は過去。腹の探り合いの末、未来志向で後藤と坂本は手を握ったのだった。

この際、資金援助だけでなく、坂本や中岡の脱藩を正式に赦免しておいた方がコントロールしやすい。ということで「脱藩赦免状」が作成され、福岡孝弟が坂本の赦免状を持って急遽高知から長崎に赴くことになった。明治維新の前年、慶応三年（一八六七）三月のことである。

彌太郎、長崎へ

後藤には大局を見る目があったが、おおらか過ぎて経済観念がこれっぽっちもない。長崎の土佐商会の借金は膨らんでいた。後藤はツーと言えばカーと応える副官が欲しい。

一方、藩としてはこのままでは財政が持たないのでご意見番を送り込みたい。出先と本藩の思惑が一致して、少林塾で一緒だった彌太郎が送り込まれることになった。後藤の補佐役であると同時に牽制役ということだ。

これより先、彌太郎は開成館にポストを得たが、あまりにも武士の商法で、上士や同僚の言うことの能天気さに、いつもの病気で「こんなところでやってられるか」と、さっさと辞表を出して井ノ口村に帰っていた。

三月初旬のある日、彌太郎は一六歳になった弟・彌之助が藩校である致道館に入学するので、付き添って高知に出かけた。彌之助を宿舎に送り込んでの帰り道、かつての少林塾の仲間である福岡孝弟につかまった。

「おーい、岩崎。お前に使いを出そうとしていたところだ」

福岡は藩の仕置役。重役の一歩手前だ。明治維新においては越前藩の由利公正《きみまさ》とともに五箇条の御誓文を起草した精鋭で、後に文部卿、枢密顧問などを務める。後藤といい福岡といい、身分は違ったが彌太郎は仲間に恵まれた。

「わしに同行して長崎に赴任せよ、これは藩命だ。明日発つぞ」

有無を言わせなかった。福岡邸でたちまち酒盛りになり、その日は酩酊してチンボツ。次の日、井ノ口村までの一〇里を往復し、結局三月一〇日の朝、浦戸から藩船「胡蝶」に乗った。

春の陽がキラキラ光る土佐の海。いい気持ちだ。土佐藩自慢の蒸気船は、九十九湾《つくもわん》を南下西行し、足摺岬を廻り清水浦へ。

翌日は豊後水道を北上し、佐田岬から周防灘に出た。海は穏やかだった。さらに関門海峡から玄海灘に抜けると大きなうねりに船は揺れた。一路平戸へ。そして再び穏やかな海を南下し、長崎湾に入った。高知を出てから一週間後だった。

甲板から見る長崎。左に高く稲佐山。右のあの丘は風頭山《かざがしらやま》だ。なつかしい長崎の町。彌太郎の頭をよぎるのは、若き日のほろ苦い思い出だ。吉田東洋に抜擢され長崎に派遣されながら、酒と女にうつつを抜かして丸山に通い、藩の金を使い込んで罷免された。

だが、あれから七年になる。今度は大丈夫だ。同じ失敗は繰り返すまい。三二歳だ。結婚もしている。いくらなんでも分別はある。慶応三年（一八六七）三月の半ば、開成館長崎出張所に着任した。

長崎着任

彌太郎の長崎での任務は、後藤を支え、経済官僚として外国商人相手の貿易を切り盛りし藩を支えることだったが、購入すべきものは武器弾薬の類い。売りたいものは土佐の産品。価格レベルが違いすぎる。しかし、「そこをなんとか」しなければ土佐藩は日本の変革に対応できない。となると、外国商人を捨て身の接待漬けで籠絡し、「有る時払い」で武器や弾薬を買い付ける、これしかない。

輸出入業務や藩船の運行管理、海援隊の経済支援などに加え、土佐商会には藩の代表部的役割もあった。長崎奉行とのやりとり、他藩との係争、外国公館との折衝など、政務にも奔走させられ、留学生の世話など領事的業務も仕事の内だった。

どの藩も似たり寄ったりで、彌太郎が着任したころの長崎では、各藩の「出張役人」は、外国商人に渡りをつけて自藩のために武器・弾薬・艦船などを買い付けることを最重要任務にしていた。それゆえに、長崎は志士たちの策謀の場でもあった。海岸通りには諸藩の商館や出入り商人が軒を並べていた。時間差こそあれ、土佐の後藤象二郎をはじめとして、福井藩の光岡八郎（由利公正）、薩摩藩の五代才助（友厚）、長州藩の伊藤俊輔（博文）、井上聞多（馨）、肥前藩の大隈八太郎（重信）等々、後に名を成した各藩のエースたちが長崎の町を行ったり来たりしていた。

後藤の引き回しで連日連夜外国商人や長崎商人と酒を酌み交わす彌太郎、言葉の壁などなんのその、彼らの懐に飛び込んで信頼を獲得していく。宴会は本来後藤の十八番《おはこ》だが、彌太郎は後藤以上に座持ちがうまい。いかにも土佐人らしく陽気に宴会を盛り上げ、外国商人たちとみるみる親しくなっていく。

親近感を増した彼らは土佐藩が日本をリードするのではないかとの期待を膨らます。その結果、「ない袖はただちには振れないので支払いは後日」という話もしやすくなる。長崎は知恵の絞りどころ、最前線の兵站《へいたん》基地だった。

同じ夢を見た坂本龍馬

坂本龍馬

岩崎彌太郎は長崎に赴任してはじめて坂本龍馬という男に会った。慶応三年（一八六七）の三月、彌太郎満三二歳、坂本三一歳だった。

井ノ口村の貧しい地下浪人の長男だった彌太郎、学問で頑張った。土佐で学び江戸で学び、吉田東洋の門下生となり、地味ながら頭角を現わしつつあった。一方、坂本は高知城下の裕福な商人郷士の次男坊。学問はからっきしダメだったが、剣の達人で千葉道場の免許皆伝。二人の共通点はほとんどなかった。

坂本は当初土佐勤王党の武市半平太と行動をともにしたが、袂《たもと》を分かち脱藩した。江戸で勝海舟と出会って開眼、独自の動きをしていた。日本の歴史の流れを変えることになる薩長同盟が成立したのは、まぎれもなく坂本のゆえ。だが、当時のほとんどの人は、そんな同盟など知る由もなかった。

彌太郎は坂本に格別の思いはなかった。いや、脱藩者たちに対する偏見の方が強かったかもしれない。当初は「藩が決めたことだから海援隊の資金援助はするが、それ以上のものではない」といったスタンスだったろうか。土佐藩の経済官僚として、藩の財布の紐を堅く締めるのは当然である。

坂本は良く言えば天真爛漫、悪く言えば傍若無人。たとえば、後藤と坂本で海援隊の手当ては一〇〇両と取り決めたにもかかわらず、彌太郎に対して「一〇〇両は仕官（隊員）の分、自分の分としてもう一〇〇両」と、しれしれと要求。彌太郎が断わると「どうしても必要な金なのだ。助けると思って五〇両融通してほしい」。ああ言えばこう、こう言えばああ。借りだといってても返すタマではないことは自明だが、彌太郎は押し切られて、自分の裁量で餞別ということにして五〇両与えてしまう。世慣れた坂本から見れば彌太郎はまだまだひよっこ、与《くみ》しやすい相手だった。

長崎の人たちにとっては、海援隊は蒸気船を動かすことのできる技術者集団ではあるが、所詮喧嘩っ早いならず者たちでしかなかった。ちなみに「いろは丸事件」の相手方である紀州藩の資料にこういうくだりがある。

「時に土佐の海援隊と称するもの百余名長崎に在り、いづれも脱藩血気の壮漢、盛んに攘夷を唱へ過激粗暴、我を温柔不断の俗吏と蔑如《べつじょ》し、奇譎《きけつ》脅迫、加之《これにくわえ》後藤象二郎、中島信行等陰険主謀、其の勢焔当るべからず……」（『南紀徳川史』）

海援隊が大洲《おおず》藩から借りた「いろは丸」が、霧の鞆《とも》の浦沖で紀州藩の船と衝突し沈んでしまう事故が起きた。損害賠償の交渉は長崎に場を移し、激しいやりとりの末に紀州藩の意向で薩摩藩に調停役を依頼、五代友厚が間に入ったがこれが実は土佐寄り。五代は、万国航法などという新しい概念を振りかざして終始強気に責めまくった海援隊に軍配をあげた。相手は御三家のひとつである紀州藩ということもあって、土佐藩の重役である後藤を正面に押し立て、あげくの果ては薩摩藩の五代まで関与することになり、坂本のいわば作戦勝ち。

自由人の坂本と律儀な経済官僚である彌太郎。可能な限り資金を引き出そうとする者と、藩の厳しい財政状態に頭を痛める者とでは、こと金銭に関しては話が合うはずがない。ところがどうだ。言いたいだけ言い合い、その月の援助の額が決まると、後はいかにも土佐人らしく屈託がない。二人はさわやかな顔をして、昼から酒を飲みはじめる。坂本が吹きまくり彌太郎が応じる。二人は意気投合して将来の夢を語り合った。

たとえば、彌太郎の慶応三年（一八六七）六月三日の日記にこうある。

「三日、天気快晴。朝商会に入り公事を談じ、寓に戻る。後藤氏に到り公事を談ず。午後坂本龍馬来たりて酒を置く（呑む）。従容として心事を談ず。余かねて素心の所在を談じ候処、坂本掌を打ちて善しという。晩に入り後藤公の寓、心事を談ず。夜二更に達し寓に帰る。大英国史を読む。之久しく寝る」（『瓊浦日歴』其二）

岩崎彌太郎と坂本龍馬。立場の違う二人。彌太郎が坂本の夢を引き継いだのではない。二人それぞれ、いずれは広い世界に飛び出し、地球規模で活躍することを夢見ていた。ただ、政治志向だった坂本は夢半ばで暗殺され、経済官僚に留まった彌太郎は生き延びて夢を実現した。そういうことなのだ。

二人の夢の源は、まだ二十《はたち》にならない多感な時代、故郷の土佐で興奮して聞いたジョン万次郎の話だった。まさに血湧き肉躍る、海の彼方の世界。あのとき、彌太郎は一八歳、坂本は一七歳だった。

後藤は京へ、後任は彌太郎

幕末の風雲急を告げていた。長崎では外国商人が相手の日々だったが、京では松平春嶽、伊達宗城《むねなり》、島津久光、山内容堂の四侯が、長州征伐や外圧への対応策を話し合っていた。後藤は容堂公に呼ばれ、坂本を同行して土佐商会の船で急遽京へ向かうことになった。

彌太郎は後藤から突然後事を託される。物事の展開が速すぎて凡人ならついていけないところだ。彌太郎の日記を読むと武士の間の引き継ぎの様子がわかる。

「八日、雨、後藤に到り機事を談ず。一切当地の事委任専決を命ぜられ、努力致し候様誓う。夕方薩州邸へ君公の御書を持参す。夜、家書（留守宅宛の手紙）をなさんと欲すれども、沈吟《ちんぎん》（考え込むこと）して遂に寝る」（『瓊浦日歴』其二）

後藤を訪ねて、種々機密事項を聞かされたが機微に関わることは文書では残さない。「すべてはお前に任せる」と言われ、「努力いたします」と答えた。宿舎に帰って、おそらく酒を飲みながら、いよいよ道が拓けてきたことを土佐の母や妻に手紙を書こうと思ったが、あれやこれや考えているうちに眠ってしまった。

六月九日に、後藤は土佐商会の全員を集めて、二日後に自分が長崎を去ること、ついては彌太郎を主任にすることを発表した。このことは、事務日誌ともいうべき『公用日記』に次のように記されている。

「後藤参政より商会にて一統の役人を会し云う、当地のこと一切彌太郎へ委任なり、何事も取り決めるべしと云々。なお、高橋勝右衛門へ船係役ならびに当時出崎（在長崎）書生どもへ、右の事を申し達するよう命じらる」

大変な抜擢で、「岩崎ッ」と呼びつけしていたのが、「岩崎どの」と呼ぶことになった戸惑いを記した同僚の日記も残っているが、出自に関係なく適任者を抜擢して後事を任すということは幕末の土佐藩ではあり得ることだった。なんといっても彌太郎は、ガードが堅くかつ商才があった。

慶応三年（一八六七）六月の八日と九日の午前中に引き継ぎを行ない、九日の午後には彌太郎は後藤を長崎の埠頭に見送った。京に同行する坂本たちも乗っている。日記にこう記している。

「九日、雨。早起し後藤に到る。機事を談ずるに昨日と一般（同様）、種々公事扱掛（ペンディング事項）受取帰る。午後（後藤象二郎と坂本龍馬は）睡蓮船《すいれんせん》（後の藩船「夕顔」）に乗る。商会の高橋が随行。……二時、これ出帆なり。余及び一同これを送る。余、不覚にも数行の涙を流す……」（『瓊浦日歴』其一）

後藤は自分を引き立ててくれた恩人であり土佐藩のエース。彌太郎に全体像はつかめていないが、政治志向の後藤が京で求められていることは十分想像できた。

いよいよ日本は変わる。日本は重大な局面にさしかかっている。そういう歴史的局面に立ち会っていることを考えると、高ぶってきて思わず涙があふれてきた。彌太郎、結構、純だったのだ。

この船の中で、勉強嫌いだった坂本が耳学問で得た知識の限りを尽くして、後藤に対して、「新しい国はかくあるべき」との話をして大いに盛り上がった。

それを同行した海援隊の長岡健吉が書き留め、後に「天下の政権を朝廷に奉還せしめ、政令よろしく朝廷より出ずべき事……」ではじまる「船中八策」がまとめられた。熊本藩の横井小楠や上田藩の赤松小三郎の説いていたことがベースになっている。坂本の独創ではない。

このときの話はいわば新しい国のグランドデザインで、大綱は文章化されて後藤から山内容堂に建言され、さらに徳川慶喜への大政奉還の建白書となって、日本の歴史を大きく動かすことになる。

彌太郎は、長崎商人の助けを得ながら、本来の任務である土佐の産品を売り軍需物資を買い付けることに精力を傾け続けた。努力は少しずつだが実る。幕府や朝廷、というより各藩入り乱れての権力抗争の中で、グラバーやオールトなど外国商人は、土佐藩が有利な立場につくことを期待して信用取引の枠を拡大させていく。

実際、彌太郎が買い付けたものは、たとえば慶応三年（一八六七）は、次のようなものである。

・蘭商シキュートから大砲一〇門、小銃一五〇〇挺。
・プロシャのクニッフレルから火薬。
・ベルギーのアデリアンから帆船「シーボルン」（「横笛」と命名）。
・英商グラバーから砲艦「南海」（「若紫」と命名）。
・英商オールトから帆船「大坂」（「乙女」と命名）。
・米商ウォルシュから帆船「大極丸」。
・英商グラバーから小銃五八〇挺。
・蘭商ボーレンスから小銃二〇〇挺。

（平尾道雄著『維新経済史の研究』高知市立市民図書館）

佐々木高行との確執

彌太郎は領事的業務にも時間を割かなければならなかった。七月に丸山の花街で、泥酔して道路に寝ていた英国軍艦「イカロス号」の水兵が何者かに殺害されるという事件が発生する。海援隊の者が疑われ、英国領事のハリー・パークスは居丈高に犯人逮捕を長崎奉行に迫る。埒が明かないと見ると、なんと軍艦で土佐の須崎まで乗り込み、本藩と直談判に及んだりした。パークスが長崎に戻ると、土佐から大目付の佐々木高行が長崎に来て事件の解決にあたった。支店長がもたもたしているので本社から役員が出張してきたようなものだ。彌太郎にしてみれば不愉快である。しかも、佐々木はやたらと正論を主張する。まったく波長が合わない。

すったもんだの末、長崎奉行は「土佐藩の者が犯人との証拠はない」との裁定を下した。ただし、「海援隊が当初事件の審理を拒み無届けで出港したのは不届き」として謝罪せよとの条件がついたので、彌太郎は土佐商会の責任者として「恐れ入りました」と謝り、大人の対応で一件落着とした。これを知った佐々木や坂本は怒り狂い、坂本は「岩彌（岩崎彌太郎）は兼ねて御案内の通り兵機もこれなく候へば、余儀なく敗走に及び候」と書いている。

そうこうしているうちに、また厄介な事件が起きた。九月の諏訪神社の祭りの夜、日本女性にふしだらな行為をしようとした米英の酔っ払いの水兵二名を、居合わせた土佐商会の二人が斬りつけたのだ。事の次第を聞いた彌太郎はやっと「イカロス号水兵殺人事件」が解決したばかりだったので、犯人を逃がそうとした。その動きを察知した佐々木は「自首させて裁判の場で水兵の行状を明らかにすべき」と強硬に主張し、ただちに奉行所に届け出た。

結局この事件は大政奉還に続く一連の混乱の中でうやむやになったのだが、すべてに筋を通そうとする佐々木と、現実対応で乗り切ろうとする彌太郎の関係はますます険悪となった。

身分では佐々木がずっと格上。本来彌太郎が開成館長崎出張所主任としてこなす領事的業務にまで口を出す。彌太郎のこのころの日記に、「心気不快」さらには「帰去来」といった言葉がたびたび出てくる。体調も良くない。慶応三年（一八六七）九月一二日と一三日の日記には次のようにある。

「……少々頭痛。不而已《のみならず》、口唇の下に腫れ物を出し熱気を発す……薬を貰い受け帰る。日已に没し、楼に戻り老松に酌をさす。窓外月色凄然《せいぜん》、過日来海援隊の引合、商会の盛衰を深慮致し、何分心気不快、鶏鳴の前後雨声蕭然《しょうぜん》たり」

「此度佐々木より彌太郎替りの人物申遣わすとの事、右に付其儀は後藤象二郎当地へ参り候迄さしひかえ居り候様申し談ず……快々不楽、宿に戻って少々飲む。夜二更すなわち寝る。彷髴《ほうふつ》

夢中に家郷に至る……嗚呼」（『瓊浦日歴』其一）

といった調子。ああ、いやだ、いやだ。帰りたい、土佐へ帰りたい。

佐々木も彌太郎更迭を主張する。やがて佐々木の申し立ては本藩の受け入れるところとなり、彌太郎の帰国と佐々木の長崎正式着任が決まった。

彌太郎の頼りとするのは大坂にいる後藤象二郎だ。これまで再三書状を送るがなしのつぶてだった。というのは、後藤にしてみれば長崎どころではなかったのだ。徳川慶喜が大政奉還の上表文を朝廷に提出し、緊迫した情勢の中で土佐藩はどう動いていくべきか、そのことで頭がいっぱいだった。

土佐に戻るのに先立ち、彌太郎は商用にかこつけて上方に出た。京にいる後藤象二郎に会い、近況報告かたがた本藩での処遇にしかるべき配慮を頼むつもりだった。

後藤は福岡孝弟らと盛大な歓迎の宴を張ってくれたが、土佐流に大騒ぎするばかりでなかなか話の糸口がつかめなかった。結局、彌太郎は「且つ飲み且つ舞ひ」酔いつぶれてしまった。それでも、夜中に目が覚めると、「僅かに醒めて燈を挑《かか》げ、公事伺書を認む」というわけで、この半年ほどの長崎商会のあれこれと、今般帰藩することになった顛末をあらためて書状にした。

翌々日、再び後藤に会い、書状を手渡すとともに、縷々《るる》説明し、善処を懇請して、身を後藤に預けた。

上士に昇格

一一月に入るや、後藤は山内容堂に呼ばれて高知に戻った。そこで、馬廻から中老に昇格の上、執政に任ずることを申し渡された。藩政の執行責任者、ＣＥＯである。後藤の大局を見る目と行動力を評価してのことだった。

一一月一五日、坂本龍馬が京都河原町の隠れ家で中岡慎太郎とともに何者かに刺殺された。薩摩と長州を握手させ、その後の日本の方向付けの地ならしをした坂本だったが、新しい日本を自分の目で見ることはできなかった。世界に雄飛することも夢のまた夢で終わった。その坂本の描いた夢と同じ夢を後日実現したのは彌太郎だった。

いよいよ逼迫してきた情勢を踏まえて、後藤は執政として大胆に行動を開始する。

長崎については、「外国商人に人脈のある岩崎を最大限に活用しない手はない」と、彌太郎を外さない判断をした。

一方、佐々木も有能な存在だ。「しかるべく処遇しよう」。

彌太郎に期待されるのは、たとえ資金不足であろうとも、外国商人からの借り入れを増やして武器の買い付けを増大させることだ。当然、幕府や他藩との競争になる。外国商人たちの方も、幕府と西南雄藩いずれが勝つか、主導権を握るのは誰か、見極めようと必死だ。信頼関係がすべてに勝る。

ところで、彌太郎の日記は、文久二年（一八六二）一月一日からはじまる『扈従《こしょう》日録』から、明治六年（一八七三）五月三日に終わる『壬申日歴』まで、全八巻ある。その日の出来事や考えたことをメモ的に記している。これを周辺の人々の書き残したものや公的記録と突き合わせることにより、経済官僚だった彌太郎が社会変革の中で才覚を発揮していく過程がわかる。

このうち、『崎陽日暦』（其貳）は慶応三年（一八六七）九月一五日から同年一二月二九日までをカバーしているが、一〇月二九日の後は一一月一八日まで飛んでいる。このことを捉えて、「坂本龍馬の暗殺に岩崎彌太郎が関与したからその前後の日記が抜けているのだ」とか「不都合な記述を子孫が削除した」などと訳知り顔に言う人がいるが、噴飯ものである。彌太郎の日記は毎日欠かさず書かれたというものでもないし、慶応三年（一八六七）の秋のように上方に出かけて連日飲んだくれていたのであれば、日記から遠ざかるのも当たり前だろう。

彌太郎が一一月二七日に上方から長崎に戻ると、佐々木から、明朝麻裃《あさかみしも》で出仕するようにとの使いが来た。「何を今さらあらたまって……」と憮然たる思いで出向くと、国許より飛脚が到着して、新たな指示をもたらしていた。なんと、

「其方儀、新留守居組入りを仰せ付けられ、開成館商法御用仰せ付けらる。之により役料五人扶《ぶち》二十石下し置かれ、長崎商会掛、之を仰せ付けらる」（『瓊浦日歴』）

とのこと。新留守居組入り、すなわち上士に昇格させるというのだ。上士だ。これは破格のことだ。その上で商会の業務は彌太郎に任すことを確認している。後藤への直訴は無駄ではなかった。

後藤は交通整理したのだ。佐々木の方は、大目付から参政に昇格させ藩代表として長崎での政治的な活動に特化させる。内輪もめしている場合ではないのだ。

そう、国内の状況はますます逼迫している。土佐藩も臨戦態勢に入る。幕府が勝つか、薩長ら西南雄藩が勝つか。彌太郎に対し、「さらに小銃一三〇〇挺調達せよ」「弾薬を可能な限り入手して送れ」と、藩から矢継ぎ早の指示が飛ぶ。

長崎の後始末

一〇月に後藤に会うため藩船「夕顔」で上方に向かった際、彌太郎は船中で、福沢諭吉の『西洋事情』を読んでいる。当時のベストセラーだった。もちろん、将来福沢と親しく交わることになるとは考えもしなかった。

彌太郎が江戸遊学を切り上げて土佐に戻り、郡奉行を侮辱した廉で獄につながれたのは一〇年ほど前。そのころ福沢は大坂の適塾で青春を謳歌しながら蘭学に勤しんでいた。

その後彌太郎は、遠回りしながらも少ないチャンスをつかみ経済官僚として長崎で才覚を発揮してきた。福沢の方は江戸に出府して蘭学を教え、やがて英学に転じた。また、幕府の命により通訳方で二度にわたり洋行した。

そのときの見聞に基づいて福沢は啓蒙の書『西洋事情』を書いた。西欧各国の地理歴史から、政治経済、財政、外交、会社制度、さらには蒸気機関やガス燈など文明の利器まで解説した上で、法の下での自由、宗教の自由、技術振興、学校教育、産業、金融、病院整備などを論じたのだった。

彌太郎は日本から出たことがなかったが、長崎での外国人とのやりとりを通して、すでにその目はさらに広い世界を見据えていた。だから、「西洋事情」には引き込まれるものがあった。政治は大きく動いて、大政奉還、王政復古の大号令。そして小御所の会議により、西南雄藩は徳川慶喜に辞官・納地を迫る。

明けて慶応四年（一八六八）一月三日、鳥羽・伏見の戦い。日本は内戦状態である。長崎にも幕府軍総崩れの情報が入ってきた。

勤王のタカ派、政治志向の佐々木高行の出番だ。佐々木は長崎奉行の河津伊豆守が脱出を企てていることを察知すると、海援隊を引き連れて奉行所を占領し公金を抑えた。また、西役所を長崎会議所とし各藩の合議制による長崎の治安維持の体制を作った。いきり立つ勤王の武士たちのガス抜きとする一方、外国人や一般の人たちの安全を確保するためだった。

新しい日本の樹立。長崎は長崎で新秩序が形成されていく。後藤は考えた。

「さすが佐々木はやることが速い。岩崎は佐々木とソリが合わないが、長崎から去らせてはさらなる外国商人からの金策や武器調達に支障を来たす……」

後藤は二人の間にこれ以上の軋轢を生じさせないために、佐々木を藩の役職から外し、新しい政府の長崎裁判所知事にはめ込んだ。佐々木の政治感覚は必ずや土佐藩の力になるだろう。

この異動は地味ではあったが絶妙だった。佐々木にとってはその後の栄達のきっかけになる。

明治三年（一八七〇）に参議に抜擢され、翌年には司法大輔《たいふ》となり、岩倉遣欧米ミッションに参加し、工部卿、宮中顧問官、枢密顧問官などになり、ついには侯爵に叙された。

彌太郎については、後藤はこう考えた。

「予断を許さない状況の中で、岩崎の人脈と営業能力はますます重要だ。大坂に持ってきたいが長崎は外せない。当分長崎に残す。ただし、この際、家格は馬廻役に昇格させることにしよう」

馬廻役の上は中老だから、まさに幕末なるがゆえの破格の昇進だった。

ついに大坂へ

このころの社会情勢を整理すると、慶応四年（一八六八）三月には五箇条の御誓文が出された。やがて江戸城無血開城、徳川慶喜は水戸に謹慎となる。戦場は彰義隊の上野から北陸、北越、会津へ。そして明治改元。東京遷都へと時代は動く。

安政六年（一八五九）に神奈川が開港（現在の横浜港）されたのに続き、兵庫が開港（現在の神戸港）、さらに大坂が開市、開港となり、外国の窓口という長崎の役割は急激に縮小していった。外国商人は横浜や神戸に移っていく。土佐藩の開成館も新たに大坂の西長堀に出張所を開設した。

慶応四年閏四月、長崎に土佐藩から在京家老の深尾鼎《かなえ》と参政の真辺栄三郎が出張してきて、長崎商会の閉鎖を告げ、海援隊の解散も宣言した。

ところが、土佐藩は彌太郎については有能なるがゆえに、しばらく長崎に留め置くことにした。外国商人に対する負債の処理、長崎商人との諸費用の精算、海援隊関連の後始末等々、土佐藩が長崎を撤退するにあたってすべきことは山ほどあった。

その上、藩は長崎商会を閉鎖しておきながら、まだ長崎にいる外国商人からさらなる資金調達をすることを求め、戊辰戦争で東北に出兵するための武器弾薬の確保を指示するのだった。

このときの苦労は、後にビジネスマンになる彌太郎にとって貴重な経験になるのだが、それは先の話。その当時は、自分だけ長崎に留まらされていることに、ただただ苛立っていた。

後藤象二郎や板垣退助らはというと、中央政府の要職に就き、自らの昇進だけでなく、自藩のためのポストの取り合いで薩長との間でしのぎを削っていた。

薩長にしてみれば自分たちが倒幕の元祖、後から来た土肥への行賞は最小限にしたい。土肥、特に土佐藩にしてみれば自分たちがいたからこそできた明治維新じゃないか、薩長と対等の立場が欲しい。薩長土肥に限らない。どの藩も幕府を倒した後は新政府での利権獲得に躍起になっていた。

彌太郎はいつになっても長崎を離れられない。かつて競い合った他藩の志士たちは、早々に東京や大坂に移り、それぞれに仕官の道を得ていく。それなのに、自分だけは蚊帳の外だ。昨年は上方で後藤に直訴して長崎商会の責任者として勝ち残りとなったが、今はそれがたたって長崎に塩漬けだ。ああ、帰りたい。移りたい。おまけに、歯が疼《うず》く。胃がむかつく。頭が痛い……。

大丈夫。後藤は忘れていなかった。風頭山に長崎凧が舞う明治二年（一八六九）の一月、ついに辞令が来た。開成館大坂商会へ異動だ。すべては、大坂府知事となっていた後藤の息がかかっていた。

思えば、着任して一年と一〇カ月。彌太郎には、前半は前向きの充実した日々だったが、後半は後ろ向きの不平不満の日ばかりだった。しかし、もういい。さあ、念願かなって大坂だ。

トーマス・グラバー

ここで、彌太郎が長崎時代に出会い、生涯を通じて関わりのあった多くの外国商人の中から二人についてまとめておく。

まず、トーマス・グラバー。長崎湾を見下ろす南山手の丘の上の異人館・グラバー邸は、文久三年（一八六三）に建てられた。幕末にはきな臭い取引の舞台だったが、明治になってからは普通の異人館だ。昭和一四年（一九三九）に、三菱重工業がグラバーの長男である倉場富三郎から購入し所有者となったが、昭和三二年（一九五七）に、長崎造船所発足一〇〇年記念ということで、長崎市に寄贈された。

トーマス・グラバーはスコットランドの生まれである。安政六年（一八五九）、開港後一年の長崎に、香港を拠点にするイギリスのジャーディン・マセソン商会の代理人として着任した。二一歳だった。

ほどなく独立してグラバー商会を設立、幕末の激動の中でオールトやウォルシュ、シキュート、クニフレルといった欧米の貿易商人たちと競合しながら、西南雄藩に艦船・武器・弾薬の類いを売り込んだ。一八六〇年代半ばには長崎における外国商館の最大手になっていた。

彌太郎も長崎に着任すると、後藤象二郎に同行してグラバー邸を訪れ、あるいは宴席をともにして親密な関係を確立し、土佐藩が必要とする武器弾薬の類いの購入を図った。

グラバーは深謀遠慮だった。たとえば文久三年（一八六三）、長州藩は下関で外国船を砲撃したが、その後グラバーは長州藩の伊藤博文や井上馨ら若い藩士をイギリスへ密留学させている。いわゆる「長州ファイブ」である。同じ年、薩英戦争が起こったが、翌々年には五代友厚や寺島宗則、森有礼ら薩摩藩士のイギリスへの視察や留学を手配した。「薩摩スチューデント」と言う。動機はともかく、日本の近代化を担う人材の育成に大きな役割を果たしたのだった。

貿易に止まらず事業にも乗り出した。慶応四年（一八六八）、肥前藩から経営を委託された高島炭鉱に、イギリスの最新の採炭機械を導入して本格的な採掘を開始した。また、ほぼ同時期、グラバー邸から一キロほど南の小菅に、薩摩藩と共同で日本初の洋式ドックを建設した。斜面に造られたいわゆる「そろばんドック」で、設備はすべてイギリスから輸入した。

長州ファイブ（後列右が伊藤博文）

皮肉なことに、グラバーが肩入れした西南雄藩は、鳥羽・伏見の戦いで一気に勝敗を決してしまったため、日本は内戦状態になるという思惑は外れて、グラバー商会は大量に仕入れた武器や艦船を抱え込んでしまった。おまけに時代変革の混乱の中で雄藩への売掛金の回収は滞り、明治三年（一八七〇）ついに倒産してしまう。

明治一四年（一八八一）に、紆余曲折があった末、三菱は高島炭鉱を後藤象二郎から買い取ったが、それまで高島炭の輸出に関わっていたグラバーを継続して石炭の国際取引に起用、グラバーは期待に応える成果をあげた。その後、本社の渉外関係顧問に迎えられ愛妻・ツルとともに東京に移り住んだ。

鹿鳴館の名誉セクレタリーとして日本の国際交流にも貢献、明治四一年（一九〇八）に「明治維新に功績があった」ことを理由に、外国人としては破格の勲二等旭日章を贈られた。三年後の明治四四年（一九一一）に七三歳の生涯を終えた。

ウォルシュ兄弟

アメリカ人のウォルシュ兄弟についても少々述べておく。

弟のジョン・ウォルシュは、アメリカの典型的な冒険商人である。インド・中国を舞台に活躍していたジョンが、安政五年（一八五八）、長崎にやってきて商館を開いた。機械や武器や船舶をもたらし、生糸や茶や樟脳を買い付ける。エネルギッシュであり面倒見も良いジョンはアメリカ人社会の代表的な存在になり、初代長崎領事に任命されている。兄のトーマスは遅れて来日した。

文久二年（一八六二）、ウォルシュ兄弟（トーマスとジョン）は、神戸と横浜に同じアメリカ商人であるホール兄弟（フランクとジョージ）と「ウォルシュ・ホール商会」を設立した。ビジネスは順調で、極東ではイギリスのジャーディン・マセソン商会と競い合う、大手貿易商社に成長していった。

三菱史料館にある彌太郎の最も古いビジネスに関する文書は、慶応四年（一八六八）一月四日付で外国商人向けに昆布を売り込むための大村屋正蔵宛書簡である。

「……お頼み候昆布を、ヲロス商会、オールト商会へ見させ候様、約束致し申し候につき、今日明日の中、手本持参し然るべく相談下されたく……」

とある。

「ヲロス」とは「ウォルシュ」のこと。彌太郎は人脈を活用して、土佐のみならず他藩の産品も扱って少しでも土佐商会に収益をもたらそうと努力していたことがわかる。こっちも相手も、昆布から大砲まで扱ういわば総合商社だ。

岩崎彌太郎の日記（『瓊浦日歴』其参）の三月二二日に、ウォルシュ商会との間で商談が無事成立したことが記されている。このころの彌太郎の日々が垣間見られるので、そのまま引用しておこう。

「二十二日、雨、ヲロスより昨夜兵庫よりコスタリカ（汽船）着致し、チョルチ来る由申し越す。

匆々に喫飯、大村屋正蔵方に立ち寄り、山本屋藤兵衛並びに正蔵を携え、ヲロスに到る。昆布売り込みの談相済み、両人去る。余とチョルチ談。是の日飛脚船上海に赴き候。チョルチ甚だ怱忙《そうぼう》の様子なり。明日を以て約し帰る。帰途フルベッキを訪ね、以て上海に銅板師の有無を問う。之に久しくして帰る。晩に吉村又次来訪す。雨甚だしければ出でず。夜、挑灯枕上に外史を読む」

「チョルチ」はイギリス人貿易商「チャーチ」のことで、彌太郎の日記にはこのとき以外は出てこない。「フルベッキ」はオランダ出身のアメリカ人宣教師「フルベッキ」のこと。崇福寺に塾を開いていたこの宣教師から彌太郎は種々西欧事情を聴取していたらしく、彌太郎の日記にしばしば出てくる。もともとエンジニアで印刷技術にも通じていたので、彌太郎が上海の銅板師云々と言っているのはその辺と関係があるかもしれない。

話を戻そう。明治維新になり、貿易の中心は長崎から神戸・横浜に移って、ウォルシュ兄弟も長崎を去った。遅れて長崎から大坂に移った彌太郎は、ある日、神戸にジョン・ウォルシュを訪ね、彌之助の留学について相談した。ジョンはもろ手をあげて賛成し、ビジネスパートナーのフランシス・ホールの長兄・エドワードが主宰する、コネチカット州の全寮制の学校への留学を実現させた。

ウォルシュ兄弟と岩崎兄弟は、生涯の付き合いをすることになる。彌之助は実り多いアメリカ留学から帰ると、彌太郎の下で経営を学び、やがて三菱を継承した。明治二二年（一八八九）にはウォルシュ兄弟の製紙工場「Kobe Paper Mills Company」の経営に参画した。明治三〇年（一八九七）、ジョンがこの世を去り高齢の兄・トーマスが日本での事業をたたんで帰国することになると、三菱の三代目の総帥となっていた彌太郎の長男・久彌は、かねてからのウォルシュ兄弟との約束に従い、由緒あるこの製紙会社を買い取った。「神戸製紙所」という日本名にし、後に「三菱製紙」に改称する。

4　大坂で旗揚げ――九十九商会

慶応四年（一八六八）は、鳥羽・伏見の戦いで明けた。三月五箇条の御誓文、五榜の掲示、四月江戸城明け渡し、五月彰義隊鎮圧、九月会津城攻撃と、明治維新のエポックメイキングな出来事が続いた。

貿易は活発化し、前述のように外国商人は神戸や横浜に支店を開設し長崎から次々に移っていった。土佐商会もその流れの中にあったのだが、長崎の彌太郎は、債権債務の整理やさらなる借り入れ算段で、もうしばらく長崎に留まらざるを得なかった。土佐藩の別動隊的存在だった海援隊の後始末もあった。

明治二年（一八六九）になると版籍奉還があり、東京遷都も行なわれた。時代の流れから取り残されたようで苛立ちを隠せなかった彌太郎も、念願の大坂に転勤できた。五月には五稜郭の戦いも終わって戊辰戦争は終焉を迎え、世の中はようやく新しいステージに入った。

大坂の土佐商会

大坂は活発化する日本経済の中心。土佐藩の蔵屋敷は西長堀にある。そこに同居する開成館（通称・土佐商会）の責任者として彌太郎は才覚を発揮する。こと海運と貿易に関しては土佐藩で彌太郎の右に出る者はいない。

土佐商会の名は轟き、他藩から取引の斡旋や代理取引を頼まれたり、資金借り入れの手伝いをも依頼されたりした。

この時期の彌太郎が関与した外国商人相手の大きな取引や借り入れについては、岩崎彌太郎・岩崎彌之助傳記編纂委員会が『岩崎彌太郎傳』をまとめた際に各藩の史料にもあたって整理したが、たとえば次のようなものがあげられる。もちろんトラブルもあり、その解決にも東奔西走した。エネルギッシュな男だったのだ。

（明治二年）

・米商・ウォルシュから樟脳二〇〇万斤を引き当てに五万円の借款。

・盛岡藩に二万両の貸し付け。

・対馬厳原《いづはら》藩に外債七万二〇〇〇両を周旋。
・英商・オールトから土佐藩に米国製汽船「ノーチラス号」を買い付け（「紅葉賀」と命名）。
・英商・オールトと共同で芸州米一万四五〇〇石買い付け。米商・ゲイより五万両借款。
・外商から土佐藩に小銃四四八三挺買い付け。
・秋田藩にベルギー商・アデリアンから汽船「モアナ号」購入と七万両借り入れを斡旋。
・秋田藩支藩椿台《つばきだい》藩のため外商から三〇万両借り入れを仲介。
（明治三年）
・盛岡藩のためスウェーデン商・ブラントから小銃二五〇〇挺買い付け。
・二本松藩のため汽船の購入費と一〇万九〇〇〇余両借り入れを米商・ウォルシュ他四社に周旋。
・英商・オールトから土佐藩に汽船「鶴」買い付け。
・土佐藩に米商・ゲイから洋銀二〇万元借款。
・ベルギー商・アドリアンから汽船「オリッサ号」を購入、紀州新宮藩に売却。

いやはや、ものすごい活躍。広い人脈を活用しての貿易と金融の展開、まさに余人をもって代えがたい。一方、大坂商人相手の取引は本来、蔵屋敷の守備範囲で、開成館の方は外国商人相手の取引に限定されるはずだったが、彌太郎はそんなことはお構いなし。旧態依然たる蔵屋敷の商売をどんどん蚕食《さんしょく》していく。当然もめる。

彌太郎が尽力したのは商会の取引だけではない。広い顔を利用して、たとえば外国人の土佐への招聘に尽力した。長崎時代に崇福寺で欧米事情を学んだオランダ生まれのアメリカ人宣教師・フルベッキを招聘しようと奔走したこともあった。結局は東京の大学南校（現東京大学）に取られてしまい実現しなかったが、併行的に追いかけたイギリス人の英語教師や医者の雇用はうまくいった。英語教師を高知のどこで使ったかは不明だが、医者の方は高知病院に配属された記録が残っている。

また、アメリカ人のヘースを大坂藩邸の英語教師に招き、土佐から来ている若者たちに漢学のみならず英語を学ばせた。彌太郎の弟の彌之助や、豊川良平、川田龍吉、近藤廉平など、後に三菱の幹部になった者たちも、このときヘースに英語を習っている。

石川七財

「岩崎がやる気十分なのは多とするが、他人の領域を侵すのはよろしくない」。大坂藩邸全体を預かる真辺栄三郎は、交通整理を図ろうとするが、彌太郎は、後藤象二郎や板垣退助の支持があることをいいことにして、真辺の指示をしばしば無視した。大坂藩邸のみならず本藩でも、成り上がり者の彌太郎が辣腕を振るうことを快く思わない者は多かった。

あるとき、石川七財が土佐商会の内情を調べる密命を帯びて高知から大坂に送り込まれてきた。父は御両口すなわち殿様の馬のくつわを取る役で終わったが、石川は頭の回転の良さを認められ横目付に取り立てられていた。必ずや岩崎のしっぽをつかまえてやる。そして、出世の糸口をつかむのだ。石川はやる気満々で藩邸に近い鰹座橋のたもとに降り立った。

ところが、彌太郎は本藩から派遣されてきた石川の密命を見抜き、帳簿を隠すどころか一切を見せ、

「海運と貿易を盛り立てなければ、土佐はおろか、日本は滅びる……」

と、日ごろ信じていることを熱心に説いた。

石川は時代が大きく変わろうとしていることに気づき、結局、任務を捨てて大坂に留まり土佐商会に入った。まさにミイラ取りがミイラになったのだった。この石川は彌太郎より七歳も年上だったが、生涯彌太郎を支えることになる。

その石川にはこういう逸話がある。明治三年（一八七〇）に九十九商会が発足してからの話

だが、あるとき堂島の米相場が高騰した。石川は積極介入を主張したが、彌太郎は取り合わない。粘着質の石川、千載一遇のチャンスだと食い下がる。しつこさに彌太郎が折れ、石川が猛然と買いに出ると間もなく相場は大暴落。青くなった石川に、彌太郎は悠然と、

「これで商売というものを覚えたかな……」

以来、石川頭が上がらない。

土佐藩の最終段階で

明治も廃藩置県までは末期の幕藩体制だった。各藩の焦眉の急は財政の立て直し。維新戦争は各藩の財政を著しく疲弊させた。にもかかわらず土佐藩では、中央政府の高官になっている後藤や板垣が「容堂公のご意向だ」として、軍備の増強、学校や病院の建設、海運の充実など、開化政策の推進を主張する。言い換えれば積極財政派。

一方、国許の谷干城や片岡健吉は現実に藩の財政を司る立場で、否応なしに緊縮財政派にならざるを得ない。もはや藩は破産同然なのだ。藩主の豊範は、容堂公のご意向に逆らうことをためらうが、ついに厳しい緊縮財政に踏み切る。藩士の官位を一律に降格して減俸とすること

もそのひとつ。とにかく可能な限りの緊縮策が取られた。あろうことか土佐商会の活動についても、

「洋人と金銭取引総て差し止むべきこと」

「物産出納の権は一切商賈（商人）に与ふべきこと」

というような項目もあり、土佐商会も活動の縮小ないし停止を迫られた。収益に比較して、彌太郎流の「必要経費」がやり玉にあがったらしい。

いつの時代もそうだが、急激なデフレ政策には抵抗が強い。後藤や板垣は山内容堂の虎の威を借りて猛烈に巻き返しを図り、ついには国許に陣取る谷たちを失脚させることに成功した。だが藩の台所が火の車であることに変わりはない。開化推進派といえども以前のような野放図な積極政策は取れない。ということは、海運と貿易を生業《なりわい》とする土佐商会も活動に制限を受けることになり、経営が今まで以上にやりにくくなることは明白だった。

中央政府はというと、個人の猟官運動はもとより、官軍を構成した各藩の勢力争いが激しかった。維新直後の太政官制のときは、薩長に加え土肥や公卿も入り乱れてのせめぎ合いだったが、その後は、後藤や板垣の踏ん張りにもかかわらず、今日の常識では考えられないほどに薩長色を濃くしていく。これについては後にも触れる。

九十九商会の発足

時は明治三年（一八七〇）、まだ太政官制の時代。薩摩、長州に土佐を含めた三藩は、後の近衛師団になる御親兵を出すなど仲良くやっているかに見えたが、薩長は維新政府のナンバー３につけた土佐の勢力を殺《そ》ぐことに知恵を絞っていた。あの手この手を考える中で、土佐のアキレス腱は海運であることに気がついた。

「民業育成は明治政府の大方針。これを理由に海運事業を土佐藩から取り上げればよい。海運が民業になれば当然経営は弱体化する。そうすればやつらが足繁く上京することは難しくなる」

北側を四国山脈に隔てられた土佐にとって、高知から神戸・大坂への海路は生命線だった。足を奪われてはならない。安定した海運は最優先事項だ。土佐藩の実力者たちは知恵を絞った。

「先手必勝だ。藩の息のかかった私商社を設立し、土佐商会の事業を譲渡してしまおう。民営事業という形にしてしまえば、薩長が四の五の言うことはできまい」

その上で、大坂藩邸のナンバー２でこれまで土佐商会を監督してきた彌太郎に、引き続き監督させれば何ら不都合はない。

そこで彌太郎は「土佐開成商社」という新社名を考えたが、それでは藩営である開成館の別看板であることがミエミエになると板垣らに反対され、結局、土佐湾の別名である九十九湾にちなんで「九十九商会」とすることにした。これなら開成館を連想させない。かくして、藩士たちの結社という形で「私商社」が設立され、通商司に届けが出された。土佐の海運を担う「会社」だ。今日、三菱ではこの九十九商会の設立をもって創業としている。たとえ形だけとはいえ、民間の会社として設立され、藩営事業である海運と貿易を引き継いだからだ。明治三年閏一〇月一八日、西暦では一八七〇年一二月一〇日だった。

「十八日、商会へ行き、諸務談ず。此度より長堀商会の名目を改め九十九商会と致し総代土居市太郎、中川亀之助の名前を以て通商司へ紅葉賀船、夕顔船とも九十九商会へ申し受け、東京飛脚船相始め候様、紙面を出し、免許を得たり。右船旗号は三角菱を付け候様、板垣氏へ相談置く」(『滞阪日記』)

開成館またの名を土佐商会さらにまたの名を長堀商会、これをあらため九十九商会とした。藩の組織ではなく藩士たちで作った組合に生まれ変わった。民業である。ただし、実際に取り仕切るのは大坂藩邸の岩崎彌太郎。表向きの代表者に据えた土居市太郎はかつて海援隊にいた船舶運航のベテラン、中川亀之助は長崎の土佐商会で事務方を務めた男で実務に明るい。「紅葉賀」「夕顔」、後に「鶴」、合わせて三隻が藩から貸し与えられた。

船旗には「三角菱」を描くことにした。真ん中の小さな丸から三方へひょろ長い菱形が延びる。土佐商会で用いてきた山内家の紋の三つ柏は、遠くからそう見えた。「このデザインなら土佐人は三つ柏を想起するが、他藩の人にはそうは見えない」。いい船旗だ。

時の勢いというのはおそろしい。その月、大坂藩邸のトップだった真辺栄三郎は本藩に転ずることになり、後任は岩崎彌太郎が少参事に昇進の上、就任ということになった。地下浪人上がりの経済官僚が、なんと大坂藩邸のトップに。まさに出世双六《すごろく》。彌太郎のビジネスセンスのみならず先見性や胆力が評価されたのだった。土佐藩の人材登用の最たる例だ。

幕藩体制の最終章。彌太郎は九十九商会のことだけをやっていればいいのではない。藩邸の活動全体に気を配ることになった。

そして翌四年（一八七一）七月、廃藩置県が施行された。土佐藩こと高知藩は、高知県になった。とりあえずは藩がそのまま県になっただけだが、藩士たちはあらためて県庁に採用されない限り職を失う。生活のかかった大問題だった。

藩を県に変革させる作業が開始される。高知県県令は林有造だ。さまざまな抵抗はあろうが大義のためには断行する。大枠だけでもかれこれ一年はかかるだろう。大切な神戸への足は、すでに九十九商会を発足させたことで確保されている……はずだった。ところがどっこい、薩長はしつこかった。

「九十九商会は私商社というが、経営に県庁が関与しているのではないか。もしそうなら民業とは認められない。調べる要がある」

薩長の息のかかった監察組織が動き出した。

さあ、どうする。林県令は急遽大阪に赴き、後藤や板垣と知恵を絞った。

北は四国山脈が障壁となり、南は太平洋に面している高知県としては、どんなことがあっても上方への足すなわち高知・神戸間の安定した定期航路は確保したい。だから岩崎彌太郎に九十九商会をしっかり監督させることにした。それがまずいというなら岩崎を切り捨てて純民間人にするしかない。岩崎なら指示されなくとも土佐藩のためにすべきことをするだろう。以心伝心が可能な男だ。

林は彌太郎を呼んだ。

「岩崎、土佐のためやきに……」

おもむろに土佐弁で語りかけたに違いない。方言は仲間意識で金縛りにする。

彌太郎は、廃藩置県という大規模な組織再編の中で、あわよくば中央政府の経済官僚としてはめ込んでもらうことを期待していた。その逆の話であるだけに、ショックである。やり手のビジネスマンが、突然早期退職を促されたようなものだ。

地下浪人から出発し、下士になり、ビジネスで頭角を現わして上士になり、少参事にまで成り上がって大坂藩邸のトップに昇り詰めた彌太郎。出自のコンプレックスゆえに理想の武士道にこだわった。主君のため、お国のため。

その呪縛が生きていることを林は見抜いていた。上司から「土佐のためやきに……」と言われて逆らう余地はなかった。

実業家・岩崎彌太郎の誕生

実業家・岩崎彌太郎の誕生である。重要なところなので、この日の彌太郎の日記を引用しておこう。『瓊浦日歴』明治四年（一八七一）一〇月五日である。

「十五日、晴、林有造氏に行、此度県庁より九十九商会廃絶の儀は国民《くにたみ》一般の不便に付、是非共岩崎彌太郎引継ぎ、向々《むきむき》は岩崎一箇の商会を以、県庁国民より聊も無関係様相仕拼《しつら》へ、土佐国内開拓の事を依頼により、余亦同意……」

林有造が、九十九商会を廃絶することは県民一同の不便になるので、ぜひとも岩崎彌太郎が引き継いでほしいとのこと。九十九商会は岩崎個人の商会とし、高知県庁とはいささかも関係ないものにする。完全独立、一切頼ってくれるな、命令もしない。ここが、薩長との争いのポイントだからだ。

九十九商会は一切合財《がっさい》くれてやる。その代わり、県庁としてパッケージで頼みたいことがある。債権債務の継承、高知・神戸間の航路維持、旧藩士の雇用継続などなど……。細かいことは言いっこなしで引き受けろ。

目的のためには名を捨て実を取るというのは、長崎での外国商人との折衝の中で得た彌太郎の人生哲学。進退を決めかねるふりをしながら、九十九商会の経営基盤を考える。いったん民に下ると、ハラを決めれば立場は強い。ここは粘りどころ。ああだこうだと注文を付け、付帯条件をいくつも引っ込ませた上で、彌太郎は同意した。土佐の樟脳を九十九商会に独占的に取り扱わせることについても、県として格別の考慮を払うことを約束させた。

この条件交渉は、林にとっても、彌太郎にとっても大勝負だった。結果は、双方満足できるものだった。話がまとまれば、大酒を食らうのは土佐人の常。さあて、繰り出すぞ……。

「……行春田寓、後藤林亦来、後藤去、余与春田林小舟戴妓、溯流到今戸、棄舟歩入芳原某楼、置酒極酔、夜十二字子舟之回、春田林等留飲」

春田の家に行った。後藤も林も来た。後藤はやがて帰ったが自分と春田と林は小舟に芸妓を乗せ今戸に行った。舟を降りて芳原の某楼に入り酒を飲みしたたかに酔う。夜一二時に舟で戻り、春田や林たちとさらに飲んだ。そうしている間に、彌太郎はこれから実業家として生きることが実感されてきた。大いに羽根を伸ばす。林も土佐に忠実で海運ビジネスに一番明るい彌太郎に九十九商会を引き受けさせ、ホッとした。激励かたがた付き合ったというわけだ。明治四年（一八七一）の秋の夜長だった。

林は後に、廃藩置県の一連の作業について、

「藩政改革の挙は、実に余が乱暴を極めたるものにして、また余が一生の成事なるべし」

と述懐している。そう、古今東西、国の変革というのは時間との戦いでもあるので、すべてが荒っぽい。

九十九商会はやがて三菱商会に発展していくのだが、あらためて彌太郎が経営を引き受けた経緯を考えると、「三菱は薩長の藩閥意識の落とし子」だったとも言えそうである。

帆船から蒸気船へ

ところで、江戸時代の日本の海運は風任せの和船によるものだった。

大坂と江戸を結ぶいわば総合貨物輸送が菱垣《ひがき》廻船だった。「沖の暗いのに白帆が見ゆる、あれは紀ノ国ミカン船」と唄われた紀伊国屋文左衛門や江戸の放蕩《ほうとう》木材商・奈良屋茂左衛門の名が思い浮かぶ。積荷を山積みにするため舷側に補強材を菱形に組んだ垣があったので「菱垣廻船」と呼ばれた。それに対して、灘や伊丹の酒樽を積んだのが樽廻船。酒は変質しやすく、輸送時間の短縮が求められるため、酒問屋が仕立てた酒樽専用運搬船だ。混載の菱垣廻船と違って積荷時間も航行時間も早かった。

一方、大坂から瀬戸内海経由で北陸、奥羽、蝦夷地を結んだのは北前船。ちなみに北前船は北海道の方へ行くからそう呼ばれたのではない。北陸と松前を結んでいたから北と前の字を取って「北前船」と言った。船主自ら海運と貿易を行ない、米や日用品を西日本各地から北へ運び、北海道から海産物をもたらした。高田屋嘉兵衛や銭屋五兵衛が有名だ。

そのほかに、瀬戸内海を行き来して上方と九州各地を結ぶ各藩の廻船などがあったが、このおおらかな廻船のシステムが、黒船出現により根底から覆された。

幕府や有力各藩は競って蒸気船を購入し、廃藩置県の際には各藩の蒸気船総数は三五隻、一万五〇〇〇トン余りあったという。明治政府は三井組の献策に従い半官半民の廻漕会社を設立し、接収した蒸気船を運航させたがうまくいかず、新たに設立した「廻漕取扱所」に事業を引き継がせた。

廃藩置県後は、三井や鴻池、島田組、小野組など金融資本家に、株式組織の会社「日本国郵便蒸汽船会社」を作らせ、運航助成金を交付し、政府年貢米や郵便物の輸送にあたらせた。発足して間もない九十九商会は、とうてい日本国郵便蒸汽船会社の敵ではなかった。やがて成長し、ついには彼らを解散に追い込み吸収することになるのだが、このころはまだまだ小さな存在だった。しかも欧米の船会社が立ちはだかっていた。今日では想像できないが、国内航路といえども欧米の船会社の方が圧倒的に強かったのだ。

世界への目

明治四年(一八七一)の一一月、横浜から岩倉具視の大使節団が米欧に出発した。大久保利通、木戸孝允、伊藤博文らが同行した。一番の目的にした不平等条約の改正はならなかったが、政府要人が西欧社会にじかに触れ、一年一〇カ月後に帰国、近代日本の建設に貢献することになる。この使節団のことについては、文春新書の『岩倉使節団という冒険』（泉三郎著）がわかりやすく面白い。岩倉ミッションの記録掛ともいうべき久米邦武の『特命全権大使─米欧回覧実記』を下敷きにしているのだが、見るものも聞くこともすべてがはじめてだった岩倉団長以下当時の日本のリーダーたちの率直な驚きや決意が、いきいきと描かれている。

話を戻す。彌太郎は岩倉ミッションの派遣が発表されると敏感に反応した。

「これからはアメリカでありヨーロッパなのだ。藩邸に居候している弟の彌之助を外国に出し、見聞を広めさせよう」

高知から来ていた彌之助は、藩邸に起居して漢学や英語を勉強していた。

彌太郎は神戸に長崎以来の取引相手であるウォルシュ兄弟の弟・ジョンを訪ねた。このころは前述の通り同じアメリカ人のフランシス・ホールと組んで、「ウォルシュ・ホール商会」の看板を掲げていた。国籍別商館番号一番なので、人々は「亜米一《あめいち》商会」と呼んだ。ちなみに、イギリス一番のジャーディン・マセソン商会は「英一番館」と呼ばれた。

彌太郎から相談を受けたジョンの頭にひらめいたのは、ビジネスパートナーであるフランシス・ホールの兄・エドワードのことだった。コネチカット州の田舎で理想的なアメリカ紳士を養成するための全寮制の小さな学校をやっているという。そこならばなまじ都会の学校に行くより英語が上達するだろうし、日々の生活を通してアメリカ人の物の考え方がわかるようになるだろう。

彌之助は翌年の五月、ヘボン博士の英和辞典を懐に、横浜から貨物船に乗った。期待半分、不安半分の船出だった。その彌之助は、ニューイングランドのアメリカ人社会で充実した一年半を過ごし、学校や村の人たちからさまざまなことを吸収して帰国する。

土佐藩邸の購入

純民間人となったばかりの彌太郎は、超多忙な中で土佐藩邸の買い取りを図る。もちろん、林高知県県令の取り仕切る藩財政の整理の一環に応じてのことだった。このときは、「土佐屋善兵衛」の名で払い下げを高知県庁に申し立てている。本名とビジネス名（？）をどう使い分けたのかは不明だが、ものによっては「岩崎彌太郎事土佐屋善兵衛」の表現もある。いずれにせよ、岩崎彌太郎個人、ないし岩崎彌太郎の個人会社が当事者である。

「今般御改革により藩債御取調に相成処、大阪長堀御屋敷御家質に相成居候を以処置に相成趣承知仕候。然に私共商社、先達以来専土佐国内廻漕取開き居申処、右地所之儀は荷着便利宜敷

場所柄に付、……何卒向々右地所私共へ御委任被仰付度奉存候……申正月、土佐屋善兵衛」(「高知県庁宛書簡」)

この屋敷のかたわらには鰹座橋の船着き場があり、「土佐の者にとっては至便の地なので、何卒私どもの商社にお任せください」というのが、民間払い下げ申請の理由だった。

明治五年(一八七二)初め、彌太郎はまず藩邸のほぼ半分と長堀川の北側の蔵屋敷の土地を買い取り、その後も買い足していった。藩邸や蔵屋敷は御多分に洩れず鴻池や銭屋など豪商から資金を調達する際、担保に入っていたので、藩の借金を利息ともどども返済した上で沽券状を取得した。そのときの契約書は三菱の黎明期の貴重な資料として、三菱史料館に大切に保管されている。

彌太郎は林県令の期待に応えた。高知・神戸間の航路を維持して、明治初期の土佐人の上方との頻繁な往来を可能にし、土佐のために大いに貢献した。さらに、それで満足することはなく、純粋民間企業として、エネルギッシュに、迅速かつ大胆に、海運網を全国に拡大し貿易の手を広げていった。

三菱を名乗る

彌太郎は鼻息の荒い男だったが、自分が羽振りをきかすことが、かつての上級者にとって不愉快であろうことを承知していた。それゆえに、いたずらに彌太郎の個人会社であることを強調することは避けた。石川七財、川田小一郎、中川亀之助ら商会の三幹部に大幅に権限を持たせることもした。彼らの名に川の字が入っていることから、明治五年（一八七二）一月に、九十九商会を「三川商会」に社名変更することまでした。

しかし、儲けないことには話にならない。海千山千の外国商人や生き馬の目を抜く大阪商人と伍してやっていく要がある。商売には商機がある。彌太郎は商会に加わった者たちに厳しく指導する。三幹部についても彌太郎イメージのビジネスマンとなるよう特訓したが、決断ができない。キレが悪い。いくら言ってもダメだった。

ついにぶちぎれて、これからはすべて自分が決めることを宣言、三川商会は活動的になり隆盛となったが、彌太郎のフラストレーションは溜まるばかり。明治六年（一八七三）には、「三川商会なんてまだるっこしい社名は、やめだ、やめだ」と言い出し、社名変更を宣言した。それでもぐっとこらえて「岩崎商会」にすることは避け、「三菱商会」とした。九十九商会の発足以来ずっと使っている船旗の、真ん中の点から三方に出ている菱形にちなんだ社名である。無用な反発を招かないための、彌太郎が旨とする「現実対応」だ。

この、固有名詞「三菱」の初出でもある三菱商会への改名については、彌太郎が明治六年（一八七三）四月一九日付で、アメリカに留学中の彌之助に宛てた書状の末尾の方で述べている。

「過日九十九の名号を廃し三ッ川と致し候らえども、是は我好まず、此度三菱商会と相改め候。三菱はなり」

一方、現存する公の文書としては、東京に本社を移した後の明治七年（一八七四）七月に、「明治六年三月に改名した」と東京府知事に通知したものが一番古い。申請者の森田晋三というのは中川亀之助のことである。

一　明治六年三月　三菱商会と改名仕候事　右之通御座候也。

明治七年七月十九日

代理森田晋三

東京府知事大久保一翁殿

日本国郵便蒸汽船会社との戦い

当時の海運事情について、明治時代の著名な言論人であり歴史家である山路愛山は、「日本の沿岸を航海せんとすれば必ず白人所有の船に乗らざるを得ず。日本の周囲は外国の蒸気船にて航海するほか自国の船はなく、たとへば横浜より駿州清水迄の海上さへ外国船に乗り、支那人の炊夫の焚きたる油臭き飯を喫せざるを得ざりし次第なりき」(『現代金権史』)と表現している。そういう時代だった。

新興三菱の最初のビジネス戦争は、政府の保護を受ける日本国郵便蒸汽船会社との顧客争奪戦だった。東京・大阪間はもちろん、あらゆる航路で争った。とはいえ、まだまだ米英の船会社が国内の主要航路を牛耳っていた時代ゆえ、所詮、二軍の争いだった。しかし、二軍で勝たなければ一軍には上がれない。

彌太郎は、アメリカに留学中の彌之助に宛てた明治六年(一八七三)の手紙に次のように書いている。当時の雰囲気がよく出ているので引用する。最後の「不日郵便の廻漕社衝破致し候へば、天下只我れ廻漕全権なり」に彌太郎の将来への自信のほどがうかがわれる。大成するには自信を持たなければならないという典型的な例だ。

「只今大蔵省之ひいきの日本郵便会社と我三川商会（この年に三菱商会と改称する）と双方必死の角力なり。

郵便会社は元大蔵省の船を十五六艘、十五か年賦の割払を以て引受、大日本郵便蒸汽船会社と（称して）政府之威勢を借り、勢甚爆猛之処、我三川は極々内之規則厳重に堅め、内外之人望を取り候を目的と致し、川田等を指揮し昨年来頻りに角立接戦之処、是之節大坂東京の人望は不及申、天下之人皆三川之強勢を知り、ひたと我商会依頼なり。

是之節段々と船を増加へ、三川の船当時八艘の蒸気あり、追々と尚も増加へ之事に注意し、日々強大に赴く之勢あり。不日郵便の廻漕社衝破致し候へば、天下只我れ廻漕全権なり……」

日本国郵便蒸汽船会社は半官半民だったためサービス精神に乏しく、諸般融通がきかず態度が大きかった。ところが明治六年（一八七三）の租税改革により税金は金納になり、独占的に扱っていた貢米の輸送がなくなった。おまけに、主要株主であり金融の便宜を図ってきた小野組が倒産するハプニングが起きた。

一方、九十九商会あらため三川商会あらため三菱商会の方は、順風の中を、新しい日本の中心である東京に本社を移転することになる。

三菱のマーク

ここで、三菱の商標であるスリーダイヤのマークについてまとめて述べておく。

彌之助に宛てた明治六年（一八七三）四月一九日付の彌太郎の手紙の末尾の方に、「過日九十九の名号を廃し三ッ川と致し候らえども、是は我好まず、此度三菱商会と相改め候。三菱はなり」というくだりがあることは前に述べた。毛筆なので、正確なマークが描かれているわけではないが、この時点で使われていた三つの菱形はひょろ長い。山内家の家紋の柏の葉と同じひょろ長さだ。

明治一三年（一八八〇）発行の『明治立志伝』の中の「岩崎彌太郎君小傳」に「是れ窃《ひそ》かに旧藩主の紀號三柏《みつがしわ》の形に象《かたど》りたるものなりといへり」とある。

横浜の日本郵船歴史博物館に大きな鉄製の天水桶が展示されている。火災に備え、南茅場町の九十九商会東京支店の店先に設置されていたもの。「九十九商社」の文字と、真ん中の小さな円から三方にひょろ長い菱形が伸びる「三角菱」のマークがついている。

三菱マークについて「山内家の三つ柏と岩崎家の三階菱を合成してマークにした」という説明がときどきあるが、それは乱暴な説明だ。彌太郎の精神構造を理解していない。武士の底辺から這いずり上がった主君思いの男が、いくら傲岸不遜であろうとも、この時点で自分の家紋と殿様の家紋を同格に扱うなどということはあり得ない。「窃かに象りたる」のが限界であろう。したがって、三つの菱はあくまでも三つ柏のデザイン化であり、やがて先端の角度が鈍化して安定したデザインになり、現在のスリーダイヤの形になったと考えるべきだ。三菱が力をつけ、時間の経過とともに三つ柏のイメージが遠のいて岩崎家の家紋である三階菱のイメージが強くなったのは、まあ自然の流れであろう。

ちなみに、このマークは、大正三年（一九一四）に商標登録された。

土佐稲荷

土佐藩の守護神だった大阪の土佐稲荷は、廃藩置県後は三菱の守り神として敬われるようになった。神殿も整備され、土地の人たちにも信仰されるようになった。主祭神は宇賀御魂大神《うかのみたまのおおかみ》。食糧の守護神だ。末社のひとつ、石宮神社は海上安全の守護神である。

たとえば、彌太郎の日記の明治五年（一八七二）八月八日には次のようにある。

「雨、夕顔（船名）東京に赴かんとす。余亦新宮に赴かんとす。……午後雨甚だし。夕顔出航翌日に延べ、山上茂大夫を呼び、稲荷社において船祈祷を行なう。余も亦祈拝す。夜、田村池添以下廻漕掛問屋手代迄冨田に招会し飲む。人員凡そ三十名」（『壬申日歴』）

ワンマン社長も、ちゃんと守り神にお祈りしていたのだ。

土佐稲荷は明治以降、時間をかけて立派に整備されていったが、昭和二〇年（一九四五）三月の戦災でほとんど消失した。戦後徐々に復興し、現在の社殿は平成五年（一九九三）に、参集殿と社務所は平成二一年（二〇〇九）に、三菱各社の寄進により再建された。宮司は、戦前は代々山内家から出ていたが、戦後はそれが絶え、三菱商事の大阪支社に勤務していた西代《にしんだい》大造氏が一念発起して神主の資格を取って引き継ぎ、二代目は耕三氏、現在の良行氏は三代目である。

商会の本社として使われていた西長堀の土地の大半は、本社を東京に移した後に大阪市に売却された。ただし、彌太郎の別邸が建てられた旧藩邸跡は手許に残し、妹の佐幾の一家が住んで彌太郎の大阪の宿にした。土佐稲荷の東隣りである。佐幾の夫・藤岡正敏は三菱商会の大阪支店に勤務、長女の田鶴は、後に三菱の管事になった荘田平五郎と結婚している。

それはさておき、後日この別邸の敷地は大阪市に売却され、昭和一一年（一九三六）に西華女学校が建設されたとき、門のところに「岩崎家舊邸址」の石碑が建てられた。戦後、同女学校は大阪市立大学家政学部になり、やがて郊外に移転した。その跡には鉄筋の高層アパートが建てられたが、平成二一年（二〇〇九）になって、さらに再開発で高級高層マンションに生まれ変わる際、石碑はマンション前には邪魔ということになり、土佐稲荷の境内に移された。

5　怒濤の海運三菱

新しい国の形を作ることは難しい。いろんな思惑から延々と議論の続いていた朝鮮使節派遣問題は、欧米の先進国を見て帰国した大久保利通らの内治優先の主張が通った。これをきっかけに、明治六年（一八七三）一〇月、西郷隆盛のほか板垣退助・後藤象二郎・江藤新平・副島種臣《たねおみ》ら参議が下野し、多くの官僚や軍人も身を引いた。一一月、西郷は「一蔵どん、おいは薩摩に戻っど」と大久保に言うと、鹿児島に引き揚げていった。

代わって山県有朋や伊藤博文といった長州勢が台頭した。明治七年（一八七四）一月には板垣退助が民撰議院設立建白書を提出して政府を激しく攻撃する。二月には江藤新平が不平士族に担がれて佐賀の乱を起こしたが、高知で捕縛されてろくに反論の機会も与えられないまま、自ら定めた刑法により斬首、晒し首となった。岩崎彌太郎はまだまだ一経済人に過ぎず、こうした争いの埒外だったが、本業の海運は上げ潮で、政治のみならず経済も東京に中心が移ることを先取りして、明治七年（一八七四）の四月、三菱商会の本社を大阪の西長堀から東京の日本橋南茅場町に移し、社名を「三菱蒸汽船会社」にあらためた。

本社を東京に移転

このころの日本の国内・近海の主要航路を実質支配するのは欧米の船会社だったが、三菱蒸汽船会社がまずターゲットとすべきは、国策会社の日本国郵便蒸汽船会社だった。追いつき追い越すのだ。この会社は政府が主導していた廻漕取扱所の権益をベースに、三井や島田、小野組など金融資本を株主として設立されたものだった。

この会社の従業員が不親切で態度が大きいということはしばしば問題になっていた。しかし、民族資本最大手、ちょっとやそっとのことではびくともしなかった。彌太郎はというと、事業の成功不成功は顧客の満足度次第と確信していた。顧客第一主義である。前章で引用したアメリカ留学中の彌之助への手紙にもあるように、「極々内之規則厳重に堅め、内外之人望を取り候を目的と致」すことに意を注いだ。そこに、追いつき追い越す余地があるはずだと確信していた。

明治六年（一八七三）の晩秋、弟の彌之助が一八カ月のアメリカ留学から帰国した。父・彌次郎の他界がきっかけではあったが、海運事業が当初思い描いた以上に発展したことが彌之助に早期帰国を促した最大の理由だった。ここを先途と攻めまくる彌太郎としては、自分の分身を早急に養成する必要があったのだ。

明治五年（一八七二）に彌之助が、貨物船で太平洋を渡り大陸鉄道を乗り継いで留学したのは、東海岸のコネチカット州の北のはずれにあるエリート養成校だった。生徒数は一二名で、全員が校長の家に寄宿し生活をともにする。朝六時に起きて聖書講読にはじまり、夜一〇時にお祈りをして就寝するまで、ラテン語や数学、化学からアメリカ史、アメリカ憲法等々、良きアメリカ人になるための勉強をする。日曜日は教会へ行き、その後は村の人の家に呼ばれる。そんな生活の中で彌之助はアメリカ人の物の考え方を学び、英語も話せるようになり、国際的な視野を持つようになって帰国した。

彌太郎は、帰国した彌之助に次から次へと課題を与えた。オン・ザ・ジョブで仕事を覚えさせ、石川七財や川田小一郎に並ぶ三菱の幹部に育てる。特に今後海運事業を国内のみならず国際的に展開するには、欧米の事情を理解し、相手を見極めながら判断する必要がある。彌之助への期待は大きかった。

だが、そう簡単なことではない。このころの三菱の幹部の集合写真では、彌之助はまだまだ自信なげな半人前の顔であり、いつも後列の端の方にいる。当然のことながら、真ん中は彌太郎、左右に石川と川田である。それに外国人スタッフのトップ、クレブスがいる。

そんな彌之助もビジネスの修羅場をくぐって成長し、若き日の異文化体験が三菱の経営に活かされる日が来る。

日本の政治経済は、幕末までは京都や大坂が大きなウエイトを占めていたが、明治維新以降はあらゆることが東京中心になっていった。物流に関しては、大坂が大きな役割を担い続けたが、この流れは阻止できなかった。

これまでに見たように、土佐の海運は明治三年閏一〇月に九十九商会が設立されて形だけ藩から独立した組織になった。翌年一〇月に彌太郎が官途をあきらめ九十九商会のオーナーになり、やがて社名を三川商会に変えて石川七財ら幹部に取り仕切らせたりもしたが、キレの良くない采配に我慢ができず、明治六年（一八七三）三月、彌太郎自らの独裁を宣言、社名も三菱商会としたのだった。

それからが快進撃。彌太郎は満を持して、日本国郵便蒸汽船会社との競合中の明治七年（一八七四）四月、これまで東京支社だった南茅場町の店の隣接地を買い増しして、本社を大阪から移した。現在では想像もつかないが、南茅場町界隈は運河の両岸に蔵や事務所が並んでいて、乗客はここから艀《はしけ》に乗り江戸川の河口で本船に乗り移った。

台湾出兵と三菱

少し遡って明治四年（一八七一）のこと、台湾に漂着した琉球島民数十人が殺害される事件があり、その処理をめぐって日本は清国ともめていた。これは琉球の帰属問題や台湾の原住民に対する統治権など外交上の問題を含んでいたので処理が難航していた。明治七年（一八七四）に至り日本政府は、清国が事件の責任を回避しようと台湾を「化外《けがい》之地」と言ったことを捉えて、「では日本が解決する……」とばかりに台湾出兵を決意する。この強硬姿勢の背景には、征韓論が認められず下野した西郷隆盛ら不満勢力の目を外へ転じさせる目的もあった。

当時の日本の海運会社はまだまだ実力不足だったので、政府は極東地域に航路を持つ米英の大手船会社を軍事輸送に起用するつもりだった。ところが、いよいよという段になって、イギリスのP&O社（ペニンシュラ・アンド・オリエンタル社）も、アメリカのPM社（パシフィック・メイル社）も協力を拒否した。両国政府が局外中立を盾に軍事輸送への関与にストップをかけたためだった。

日本政府は焦った。それでは日本の海運会社に引き受けさせるしかない。最大の民族資本は日本国郵便蒸汽船会社である。力不足は目に見えているがやむなし。不足の船舶は調達してきて与えよう。それでなんとか乗り切るのだ。

ところが社長の岩橋萬造が色よい返事をしない。日本国郵便蒸汽船会社の後ろ盾だった長州出身の木戸孝允や井上馨が前年の政変で下野したため、政府への協力を潔《いさぎよ》しとしなかったことと、軍事輸送に関わって国内航路が手薄になっている間に新興の三菱に顧客を奪われてしまうことを恐れたためだ。

兵三〇〇〇余を率いる陸軍中将・西郷従道《つぐみち》は、もう待てない。傭船の責任者である台湾蕃地事務局の大隈重信長官をやいのやいのと突き上げる。

大隈には心ならずも新興の三菱を起用する以外の選択肢はなかった。明治七年（一八七四）七月、岩崎彌太郎を呼んで言った。

「政府軍の輸送に三菱の全面的協力をお願いしたい」

政府の焦るさまをじっと観察していた彌太郎は、実は、自分の出番が来たときの言葉を用意していた。しばし沈黙した上で、はっきり言った。

「国あっての三菱なれば、総力をあげて、お引き受けいたします」

この発言は大隈のみならず政府関係者の心を打った。三菱精神のストレートな発露だった。それは、彌太郎のみならず、彌之助、久彌、小彌太と続く、岩崎四代による三菱七五年の歴史を貫くゆるぎない経営理念である。三菱の真骨頂。三菱は次のような命令書を受け取った。

三菱蒸汽船会社
蕃地海運御用申付候條格別尽力便利相成候様可致事
明治七年七月廿八日
台湾蕃地事務局

政府との約定書に、彌太郎はあえて次のような文言を盛り込んだ。

第四条　海外有事之際公用運航之間、断然当社之私利は毫も営まず、会計明瞭、悉皆現費を清算し、正副二簿を製し、其一は官府に輸し、其一は社用に備ふ。
第五条　有事之際私利を顧みず奮然尽力公用に弁給す、故に之が為に紛紜《ふんうん》の外説あるの理なし。然共当今之人情、或は嫉妬の免れ難きあれば、必其実効を検査を賜んことを乞ふ。

「当社之私利は毫も営まず」「奮然尽力公用に弁給す」などの文言は、今流にいえばミエミエ。「頼りになる三菱」のアピール以外の何物でもない。

三菱の社船だけでは足りなかった。政府は上海において急遽船舶を調達して三菱に委託することにした。まことにドロナワ的な対応だったが、この戦役における三菱による兵員・武器・食糧の輸送はほぼ完璧に行なわれた。動員された兵三七〇〇名のうち、約五〇〇名のマラリアによる死者を出しながらも、日本政府の思惑通りに作戦を展開することができた。

国内の定期航路を一部休止してまでこの軍事輸送に注力した三菱が、国内の商権を失うことはなかった。逆に、政府の全面的信頼を勝ち得、一カ月ほどの戦役後、海運会社として大きく力をつけて国内航路に復帰したのだった。

日本国郵便蒸汽船会社は経営判断を間違えた。たっての要請に応えなかったことで政府の信頼を失い、輸送力でも三菱に差をつけられるようになり、じり貧となって、ついには解散に追い込まれたのだった。

上海航路の開設

台湾出兵により一三隻の政府船を委託された三菱は一気に押せ押せムード。翌年の明治八年（一八七五）二月には、政府の要請に応えて、横浜・上海間に航路を開いた。日本初の国際航路である。

政府は大隈大蔵卿名で上海領事宛に通達している。

「旧蕃地事務局所有之汽船悉く皆当省へ御下付相成候に付、三菱商社へ申付け、東京丸外三艘、横浜上海間之間交航之筈決定致し候。尤も当分試みに来る二月三日東京丸横浜発帆為致候」

三菱は「東京丸」ほか「金川丸」「新潟丸」「高砂丸」の三隻を就航させることにした。二月三日の、上海航路第一便には、若き日にアメリカに留学して海外経験のある彌之助が乗船した。

よほど嬉しかったのだろう、彌太郎は母・美和と長男・久彌を横浜に同行し、埠頭で彌之助の乗船する「東京丸」を見送った。木製の外輪船。二一〇〇トン。三五〇馬力。台湾出兵の際に政府がP＆O社から購入した船である。海外に雄飛することを夢見ながら、幕末維新の世の中をがむしゃらに生きてきた彌太郎にとって、上海航路開設は夢の実現の第一歩、感無量だった。

「母上、ご覧ください。わしの船が……三菱の船が……世界の海に向かって出て行く……」

彌之助の乗った「東京丸」は神戸、下関、長崎に寄港し、一一日に上海に着いた。三菱はすでに二名の社員を上海に派遣しフランス租界二九番地に支店を開設していた。彌之助は彌太郎の意を体して、外灘《バンド》に軒を連ねる世界各国の商館に挨拶をして回った。久しぶりの英語の世界だった。

明治八年（一八七五）二月八日付の東京日日新聞に、日章旗と三菱の旗をマストに掲げた絵入りで、上海航路開設を告知する三菱の広告が掲載されている。全文は次の通りだが、日本の海運会社による外国航路であるにもかかわらず、「乗組員は熟練せる西洋人」というフレーズが安全性、快適性を表現するために使われているところに、当時の日本の海運の実情が見えてくる。

東京日日（現毎日）新聞掲載広告の挿絵

東京丸　新潟丸　金川丸　高砂丸

当社今般右に記す四艘の汽船を以て上海横浜の間を往復致させ、本月三日を以て横浜抜錨神戸馬関長崎を経て上海に至り、爾後八日目即毎月水曜日上海横浜双方より発艦致させ候。乗組員は熟練せる西洋人にして航海の安心、荷物の取扱之厳重なるは申に及ばず賄方等も至て清潔丁寧なり。且支那西洋並我国人を論ぜず、都《すべ》て運賃之等級によって一般の取扱ひをなすべし。伏して乞ふ、四方航客各港に掲げ有之当社の旗章を目的に御来臨ご乗船あらん事を。

大日本国東京第一大区拾五小区　南茅場町拾八番地　三菱商会本店

第一命令書

台湾出兵における初動段階でのもたつきは、日本政府にとって、有事に指揮下に入る強い海運会社の育成が喫緊の課題であることを浮き彫りにした。

政府は前島密《ひそか》を中心に対策を検討、「完全民営」「政府の保護下で民間育成」「官営」のいずれかとする「海運三策」をまとめた。侃々諤々《かんかんがくがく》の議論の末、政府保護下での民間育成を図る方針を採択、その対象として、当然のことながら、台湾出兵で成果をあげた三菱を選んだ。土佐嫌いで通っていた大久保利通や大隈重信も、すでに三菱に対する認識をあらためていた。

明治八年（一八七五）九月、三菱の上海航路開設を後追いするかのように、政府は三菱への保護と管理を規定した「第一命令書」（今でいう特別法）を公布した。一三隻の政府船を下付するなどの助成を与え、引き換えに有事の際の徴用のほかさまざまな義務を負わせることを、全一八条で規定している。前文では次のように述べている。

「今般本邦海運の事業の拡張せしむべき目的を以て、別紙船名簿に記載する東京丸外拾弐艘之汽船及び之に属する諸器品とも無代価にて其社へ下げ渡し、且其の運航費助成金として壱ヶ年金弐拾万円を給与候に付、左之箇条の通り相心得べきこと」

民族資本の海運会社を育成することは、多くの先進国で採用された当たり前の海運政策だ。有事には徴用し軍事輸送にあたらせるが、平時は国を代表する海運会社として航路を確保させ貿易の振興にもあたらせることとする。まさに一石二鳥である。

前島密駅逓頭《えきていのかみ》からこの方針を申し伝えられたときも、岩崎彌太郎は「国家とともにある三菱」のイメージを誇示して胸を張って答えた。

「海運事業の盛衰は国家の運命に関わることにて、わが双肩に負う責任、まことに大なるものと心得ます」

明治政府と三菱の、蜜月関係のスタートだった。

この際、社名も変えることにした。郵便物など政府関係の事業も請け負うことから政府御用達企業としての誇りを込めて、「郵便汽船三菱会社」。この社名は明治一八年（一八八五）に、共同運輸と合併して「日本郵船」になるまで使われる。

また三菱は、経営が行き詰まって解散した日本国郵便蒸汽船会社を合併することになり、その船舶一八隻も無償で与えられ、文字通り日本の海運界を背負って立つ立場になった。

なお「第一命令書」では政府の助成金が他の目的に流用されることを防ぐため、第一二条で「既往の会計は別途にこれを処分すべし」「将来その社名をもって他の営業をなすべからず」と規定された。郵便汽船三菱会社は事業を海運に特化せよというのだ。

このため三菱は、海運に付随して手を広げていった炭鉱や鉱山、あるいは水道事業など他の事業は「岩崎家の事業」という位置付けにして、郵便汽船三菱会社とは別個の経営であることを明確にした。

上海航路の攻防

上海航路に進出した三菱の前に立ちはだかったのは、アメリカのPM社だった。サンフランシスコ・香港航路を軸に日本に進出、横浜、神戸、長崎、上海をカバーし、横浜の居留地四番館に支社を構えて、圧倒的なシェアを誇っていた。

彼らは台湾出兵のとき、日本政府の期待に応えなかった。その結果三菱が起用され、三菱は急成長した。皮肉なものである。上海航路で攻める三菱に、守るＰＭ社。二社は当然のようにサービス合戦、際限ない価格競争に陥る。運賃はたちまち半値以下になった。

彌太郎は社員に檄を飛ばした。

「この時に当たりて海運の我国に必要なるは判然として明らかなり。……今日務むるところは……我国の前に横たわりたる妨害を払い航海の大権を我国に快復するにあり」

そう、制海権の問題だった。

三菱には今や政府の後押しがあった。駅逓頭・前島密は、わが国海運の自立のためには国内航路はもとより日清間の航路も制するべきで、ＰＭ社の上海・神戸・横浜間の航路は営業権ごと買い取るべきだと主張した。内務卿の大久保利通も了承し、三菱による買収を政府が財政的に支援することを約束、三菱は強気でＰＭ社と交渉に入り、明治八年（一八七五）一〇月、ついにＰＭ社の上海航路における営業権の買収に成功する。

ところが「アメリカに勝った」と喜んだのも束の間。一難去ってまた一難で、翌年二月、今度はイギリスのＰ＆Ｏ社が襲いかかる。Ｐ＆Ｏ社もまた台湾出兵の際、日本政府の期待に応えなかった相手だ。世界に冠たる大英帝国の、世界最大の海運会社で、つとにカルカッタから極東各地に進出していた。三菱の足を掬《すく》うように、香港・上海・横浜航路に加え大阪・東京間にも進出、新興三菱に反発する顧客を急速に取り込んでいく。危うし、日本のナショナル・フラッグ三菱。

まさに総力戦。三菱は顧客に対する荷為替金融を実施することで顧客を取り込み、社長以下給料を半減するなど徹底した経費削減に努め、政府も外国船に対するさまざまな障壁を作り三菱を援護した。そして八カ月後、ついにP＆O社はギブアップする。民族資本による近海航路は確保されたのだった。

快哉を叫ぶ社員を見て彌太郎はつぶやいた。

「ふん。まだまだはじまりに過ぎん……」

地球を横断する航路を確立してはじめて胸を張れるというのだ。

勢いづく三菱。政府の助成をベースに、国内航路を充実させる一方で、天津、朝鮮、香港、ウラジオストックなどの航路を次々に開設していく。彌太郎は夢に向かって突き進むのみ。

地球を横絶せしむる

このころの三菱の雰囲気を見事に表わしているのが、彌太郎の明治九年（一八七六）八月の

「告諭」である。まだ上海航路でＰ＆Ｏ社としのぎを削っていたときのもので、まさに自信満々の彌太郎の雄叫《おたけ》びである。初期三菱のランドマーク的な宣言でもあるので、『三菱社誌』から抜粋しておく。

「我輩が社員に望むところのものは、益々我が船舶を堅くし、我が駕駛《がし》（人を使うこと）を快《よろこび》にし、運賃を適当にし、接待を懇親にし、荷物の運搬に注意し、日清の貿易を盛大にし、中外人民の信依《しんい》を厚くするにあり。基礎すでに固く、準備すでに了《おわ》りて、然る後、漸く太平洋に向かいて駛行《しこう》し、我が旭日の旗章をして桑港《そうこう》の波光山色と相映し輝かせしめ、我が日本帝国の郵便線路をして地球を横絶せしむるに至らば、則ち廻漕の事（海運業）始めて観るに足れりと云うべし」

美文過ぎて理解しにくいが、「運賃を適当にし、接待を懇親にし……」の一節には顧客第一をモットーに戦い抜かんとする彌太郎の決意が込められている。

「基礎すでに固く、準備すでに了り」は、上海航路でのビジネス戦争の勝ちをもう見据えていたことであり、「我が旭日の旗章をして桑港の波光山色と相映し輝かせしめ……」の一節では、三菱の船舶が太平洋を渡りサンフランシスコ湾に入っていく様子が目に見えるようである。

「我が日本帝国の郵便線路をして地球を横絶せしむるに至らば、則ち廻漕の事始めて観るに足れりと云うべし」は、若いころ長崎で語り合った坂本龍馬に、胸を張って言いたかったことであろう。二人とも、目は狭い日本ではなく、広い世界に向けていたのだ。

日本最初のボーナス

彌太郎のマネジメントの際立った特徴のひとつは社員を大切にすることである。この年の暮れ、「P&O社に対する勝利は社員の一致協力によるもの」と、年末に特別賞与を支給した。なにせ、P&O社との戦いの行方が見えないとき、社長自らの五〇%減給宣言にならって社員は給与の三分の一を返上、陸上の事務員も海上の日本人乗組員も一丸となって、経費削減と顧客確保と安全運航にあたったのだ。

三菱の社内通達をまとめた『布達原記《ふたつげんき》』に明治九年（一八七六）一二月二八日付でこうある。

「社業の隆盛を致すにしたがひ、社務漸く繁劇に赴き、内外多事の際、社中各員別けて勤勉事務を担任しその功績を見ること少なからず、依って之の別紙目録の通り賞与候のこと……各船各社事務長・褒金五拾円……十四等級より十五等級迄・褒金拾円……等外給仕小使・褒金壱円……」

予期せぬ社長の大盤振る舞いに社員は感激、一層の努力を誓う。彌太郎流の人心収攬の術というべきか。三菱は、それ行けやれ行け、まさに上げ潮ムードである。

ところで、この明治九年（一八七六）の賞与は「日本最初のボーナス」と言われているようで、毎年一二月になるとマスコミから三菱史料館に問い合わせがある。平凡社の『大百科事典』の「賞与」の項には、

「封建時代に商人社会や職人社会で盆暮に支給されていた『お仕着せ』の習慣が起源といわれるが、直接のはじまりは一八七六年の三菱商事の賞与制度で、以後大企業を中心に普及したとされる……」

と説明されている。「三菱商事」というのは「郵便汽船三菱会社」の単純な誤りであろう。この百科事典の説明が正しいかどうかについては、筆者は三菱以外の会社について不勉強なのでコメントできない。ウィキペディアにも（おそらく平凡社の『大百科事典』の説明が下敷きになっているのであろうが）、「賞与としての最古の記録は一八七六年（明治九年）の三菱商会の例である」とある。

政商とは

ところで、この海運三菱の例からもいえることだが、およそ発展途上国においては、まず政府のまわりに大きなビジネスが発生し、特定の企業が国の発展を引っ張る。

三菱が海運業という物流の現場で日本の自立の一翼を担ったのに対し、先輩格の三井は金融・貿易面でしっかり国を支えた。三井組は幕府御金蔵御用を担当する御用商人だったが、幕末期の幕府勘定奉行・小栗上野介の使用人であった三野村利左衛門を雇い入れて危機を乗り切り、維新後は新政府東征軍資金、会計基立金（公債）の調達に協力し、明治七年（一八七四）に三井銀行を設立した。さらに外国商館に支配されていた外国貿易を日本商人の手に取り戻すために、明治九年（一八七六）に政府の支持を受け三井物産会社を設立した。

三井ほど重要な役割でなくとも、三菱は海運において明治政府と独占的契約を結び、政策遂行の一翼を担うという特別な地位になったといえる。こういう地位に対する非難を込めて「政商」という言葉が使われたりするが、それは未来永劫に続くものではない。国全体があるレベルまで発展すると、権力者との間に隙間風が吹き、一定の距離ができる。それまでは持ちつ持たれつということである。

東京大学大学院の武田晴人教授が「政商」の成立について、平易にこう説明している。
「……明治政府が圧倒的な経済的影響力をもっています。そのため、政府のまわりに物やお金の大きな流れが生まれます。それは、ビジネスの側からみると、チャンスが政府のまわりにたくさんころがっていることを意味します。つまり、いろんな経済活動が政府を中心にして行なわれていますから、野心をもった商人たちも、そこに手がかりを求めて何か仕事を得ようとするわけです……」(『財閥の時代』新潮社)
ちなみに、世界遺産入りして話題の富岡製糸場は明治五年(一八七二)にフランスの技術を導入して発足した官営模範工場だが、明治二六年(一八九三)に三井家に払い下げられた。
カナダの日本経営史研究者であるウイリアム・D・レイは、日本の政商は次の四種類の巨大な収益の機会のいずれかをものにしたと分析している。すなわち、

①通貨制度改革時の投機的手法による蓄財
②明治政府の官金取り扱いによる特権獲得
③内外の商取引における戦略的情報取得
④政府との排他的業務の確立

である。これらの機会を利用して、一八七〇年代に巨万の富を蓄えた者を「政商（Political Merchants)」と呼び、その代表例が「貿易の三井と海運の三菱」だった、と指摘する（『Mitsubishi and the N.Y.K. — Business History in the Japanese Shipping Industry』）。

最後に、法政大学大学院の宇田川勝教授。法政大学創設者・薩埵《さった》正邦の生誕一五〇年記念講演で、財閥について次のように説明した。

「財閥の多くは政商活動からスタートしました。政商とは、一般に『政治権力者と密接な関係を持って利権や情報を握る商人』のことで、明治期に作られた言葉です。政商路線からの脱皮は容易ではありませんが、脱皮に成功し財閥として残ったのが、三井、三菱などです。彼らは明治一〇年から二〇年代にかけて、ビジネスライクな事業経営体を構築していきました。この政商活動との決別にあたっては、旺盛な起業家精神を持つ『第二の創業者』的な経営者が不可欠でした。三井の場合は益田孝、三菱の場合は岩崎彌之助がそうだったといえるでしょう」（『明治期財閥形成者の起業家精神』法政大学イノベーション・マネジメント研究センター編）

社会が大きく発展するとき、政策を強力に推し進める政府を渦の中心として、新しいビジネスが勃興する。

彌太郎は海運に留まらなかった。エネルギッシュに、全国でさまざまな分野に手を出し足を突っ込む。時は明治初期。海に陸に事業領域を広げ、世界を視野に三菱のいしずえを築いていく。縦横無尽、融通無碍《むげ》、状況をつかむ天与の才で、がむしゃらに運命を切り開く。

6　西南戦争と国内航路網

岩崎彌太郎と福沢諭吉。およそイメージのダブらない二人だが、結構利用し利用された間柄。二人の初対面はいつどういう場面だったか。興味あるところだが手許の史料では特定できない。彌太郎は長崎駐在が延びて不平不満の塊りだったころ、身の振り方を後藤象二郎に相談するために京へ上ったが、その船の中で当時のベストセラー『西洋事情』二冊を読了している。以来、福沢に私淑していた。

彌太郎の日記は読みにくいが、漢字を追っていくと、瀬戸内海を行く船の中で熱心に読んでいるさまが目に浮かぶ。

「二十一日、晴、暁発馬関（下関）、乗船楼眺地形、観往時ノ戦跡（壇ノ浦）、下入船房、且吟且読西洋事情両冊読尽、入睡境、夢亦同意旅愁可知、夜入芸州御手洗港、已九字、欲上陸不果、半夜雨帯風到、旧掩船窓、臥一睡到天明」（『崎陽日暦』其貳、慶応三年一〇月二一日）

おかめの面

福沢にはこういう話がある。

福沢は海運業界で急成長する彌太郎の経営手腕に一目も二目も置いていた。あるとき、南茅場町の三菱蒸汽船会社の店の前を通りかかった。彌太郎は留守だったが、店頭の大きなおかめの面に注目した。

「これは……」

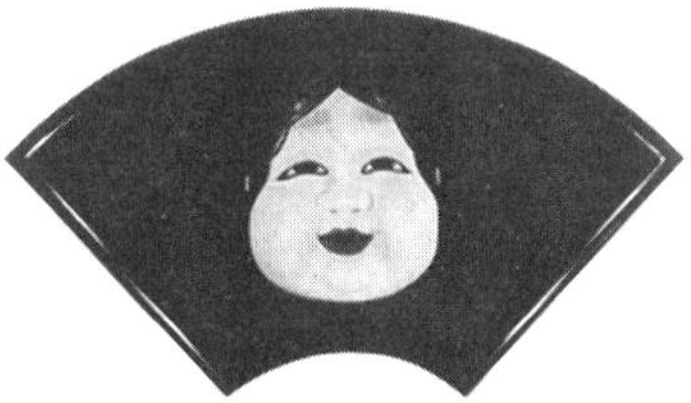

彌太郎が店頭に飾ったおかめ

ほとんど絶句に近い。福沢はしばらくおかめの面と社員たちの働くさまを見ていた。慶応義塾に戻ってこう言った。

「岩崎氏は噂に聞いたのとはまったく違う。山師ではない。店の前におかめの面を掲げ、店内に愛敬を重んじさせているのは、商売の本質を知っていることだ」

和服に角帯、前垂れ姿をさせられた元武士の店員たちは、彌太郎からおかめのような笑顔を強いられ、さぞや顔が引きつっていたことであろう。それもこれも、無骨な社員たちに、彌太郎のモットーとする顧客第一主義を肌で覚えさせるためだった。

この縦八〇センチほどのおかめの面は、最大横幅二メートルほどの扇型の板に固定されている。顧客第一主義、三菱の原点を象徴するもののひとつとして、現在は三菱東京ＵＦＪ銀行本店の地下の倉庫に大切に保管されている。通常は非公開だが、三菱グループのイベントなどで展示されることがある。湯島の三菱史料館には縮尺二分の一のレプリカが常設展示されている。

社長独裁体制

話を本筋に戻そう。三菱は政府の助成を受けることになったが、会社規則を整備する要があった。まったくの個人商店で会社の体をなさないということではダメなのだ。この作業にあたったのは、福沢諭吉の一番弟子で、慶応義塾で教師をした後、三菱に入った荘田平五郎である。

荘田は豊後（大分県）の臼杵《うすき》藩出身。慶応三年（一八六七）、一九歳のときに江戸に遊学したことがあるが、福沢の慶応義塾に入塾したのは明治三年（一八七〇）、二三歳だった。

福沢が蘭学塾を創始したのは安政五年（一八五八）、築地の現在の聖路加国際病院のあたりである。後に芝新銭座（現在の浜松町）へ移転し英学塾に転向したのが文久三年（一八六三）。

慶応義塾と命名したのは慶応四年（一八六八）だった。明治四年（一八七一）になって、現在のキャンパスである三田の高台の旧島原藩中屋敷跡を買い取って移転した。

福沢は荘田の卓抜した識見と才能を早々に見抜き、入塾四カ月後には義塾の教師待遇とした。明治五年（一八七二）には教師として採用、分校設立のために大阪、京都に派遣した。そこで荘田は学問のみならず経営の才もあることを立証、本人も実業界で力を試したいと思うようになった。

福沢は優秀な人材を実業界に供給するのが慶応義塾の役目と心得ていた。彌太郎の従弟である豊川良平からの要請に応じて、明治八年（一八七五）二月、荘田を推薦し、台湾出兵での軍事輸送によって勢いに乗る三菱への荘田の入社が実現した。

荘田の三菱での最初の大仕事は会社規則の策定だった。三菱が政府の海運助成を受けるために整えざるを得なかったもので、荘田も彌太郎の意向を踏まえて会社規則としてまとめるのに大変に苦労した。明治八年（一八七五）五月付をもって制定を見たが、なんと冒頭の「立社体裁」第一条で「当商会は会社の形を取るが、実体は岩崎家の個人企業である。したがって、重要なことはすべて社長が決める」、第二条で「リスクは社長一人が負う」と明言している。完璧な社長ワンマン体制であることを内外に宣言したのだ。それは、社員に対しては、「だから、お前たちは安心して仕事に励め」というメッセージでもある。
まったく、人の意表を突く会社規則。こんな規則ってありだろうか。本当に福沢諭吉の一番弟子の作った会社規則だろうか。だがそう、そうなのである。極めて現実に即した会社規則である。じり貧のライバル日本国郵便蒸汽船会社は六月に解散し、三菱が従業員ともどもほとんどの資産を吸収した。そして九月、「第一命令書」により、日本政府の三菱育成策が実施される。彌太郎はこの会社規則には格別の思いがあったらしく、その後何度も推敲《すいこう》し細かい表現を修正した。引き締まった文章で、ビシッときまっているので、最終版の冒頭の部分を引用しておこう。

立社体裁
第一条　当商会は姑《しばら》く会社の名を命じ会社の体をなすといえども、その実、全く一家の事業にして他の資金を募集し結社する者と大いに異なり、故に会社に関する一切のこと及び褒貶黜陟《ほうへんちゅつちょく》等（賞罰、人材登用等）すべて社長の特裁を仰ぐべし。
第二条　故に、会社の利益は全く社長の一身に帰し、会社の損失また社長の一人に帰すべし。

三井や住友は、江戸時代に商業資本としてすでに確立されていたので、資本と経営は分離され優秀な大番頭が取り仕切っていた。だが、新興の三菱は違う。資本と経営は一体。岩崎家の当主自らが強烈な個性でリードする。彌太郎の頭にあるのは馬上采配を振る戦国武将のイメージだ。

この後、荘田は「三菱会社簿記法」を編纂した。複式簿記を採用し、減価償却の概念も織り込まれている。福沢諭吉によって日本に紹介された複式簿記は、最初に第一国立銀行が採用したといわれるが、三菱はおそらくその次であろう。

政府から助成を受けるために整備せざるを得なかったとはいえ、それまでの三菱の帳簿は大福帳だったのだから、画期的なことである。

おそらく、彌太郎は複式簿記について荘田からいくら説明されても本当のところは理解できなかっただろう。しかし、「信頼できると判断したら徹底して任せる」のが彌太郎流。「荘田が言うんだから間違いない」、そう思ったに違いない。経理に限らずプロを使いこなす、その眼力・胆力がすごい。岩崎四代に共通している才能である。

西南戦争

西郷隆盛が征韓論に敗れ、参議を辞して鹿児島に戻ったのは明治六年（一八七三）一一月だが、以来、農業をしたり、犬を連れて狩りに出かけたりの日々だった。大久保利通らが東京へ戻るよう再三呼びかけたが西郷はまったく聞く耳を持たなかった。

西郷とともに六〇〇人ほどの若者が東京から鹿児島に戻ったので、篠原国幹や村田新八など西郷の側近が主導して、彼らのためにさまざまな私学校が創られ、漢文の素読や軍事教練が行なわれた。圧倒的な西郷人気で鹿児島全域に広がった私学校は明治一〇年（一八七七）には一〇〇校以上になったが、次第に若い不平士族の拠り所になっていった。

錦江湾と桜島を中心に据えた鹿児島県は、県令の大山綱良を中心にあたかも独立国の様相を呈し、大久保利通率いる明治政府の施策を無視して地租改正も秩禄処分も行なわず、旧体制を維持していた。若者たちの不平不満のエネルギーが溜まりに溜まって、まさに一触即発の状態だった。

高知では自由民権論者が、西郷とともに蜂起することを画策していた。東京では、ある晩、彌太郎にとって大恩のある林有造（板垣の参議辞任に合わせて県令を辞職）がわざわざやってきて、「三菱の船を土佐に回せ」と迫った。

と言われても彌太郎は確固たる政府サイド。はっきり拒否した。だが、同郷の元士族たちへの連帯意識は否定できない。苦衷の彌太郎は、あさっての方を向いてつぶやいた。

「船が彼らに盗まれるのは、わしの知ったことじゃない……」

私学校の生徒らの決起の気運は次第に大河の流れのようになり、西郷といえども制し切れなくなっていった。そして、ついに明治一〇年（一八七七）二月一六日、私学校の生徒らに押し出されるように西郷は鹿児島を発つ。

「政府に尋問の筋あり」

が大義名分だった。折から南国鹿児島は六〇年ぶりの大雪になった。まず、目指すのは熊本鎮台。第一陣は一万五〇〇〇人。九州各地からも続々合流し、総勢四万余に膨らむ。

迎える政府軍は、明治政府の存亡をかけてこれを制圧しなければならない。たとえ兄弟や竹馬の友が西郷軍にいようとも、である。政府軍の征討総督は有栖川宮熾仁《たるひと》親王、陸軍は長州出身の山県有朋中将、海軍は薩摩出身の川村純義中将が指揮を執る。かつて西郷に抜擢され、後に大久保の信頼を得た薩摩出身の川路利良大警視は、陸軍少将を兼任し警視庁抜刀隊を率いて参戦した。

西郷軍が鹿児島を出発すると、政府から三菱に対しただちに社船の徴用が命じられた。兵員、弾薬、食糧の円滑な輸送が勝敗を決する。彌太郎は幹部社員を集めて檄を飛ばした。

「三菱の真価が問われるときが来た。わしは東京で政府との折衝にあたる。石川、お前は大阪で兵站と配船を指揮せよ。川田、お前は長崎だ。彌之助は臨機応変に現場に立て。現場だぞ、現場」

三菱は日本各地の定期航路を休止し、全部で三八隻の船舶を九州への軍事輸送に注ぎ込んだ。彌太郎は全社員に対し、「大義のあるところをわきまえ軍事の輸送に励むべし」と命令する。まさに戦国武将の掛け声だ。

三菱にとって「大義のあるところ」とは、迷うことなく「明治政府」である。社員や乗組員はきびきびと、兵員や武器、弾薬、食糧の輸送にあたる。三菱の総力をあげての取り組みは、総勢七万にのぼる政府軍の円滑な作戦展開を支えた。

結局、西郷軍は熊本鎮台を攻めあぐみ、三月下旬の田原坂《たばるざか》の戦いで敗走することを余儀なくされた。そして、半年余り九州各地を転戦した末に、故郷の鹿児島にたどり着き、城山に籠もる。

九月二四日の早暁、政府軍の総攻撃に、

「晋どん、もうここいらでよか……」

と、西郷は別府晋介に介錯させて果てた。

城山一帯の銃声が止んだ。しばらく町は静まり返えった。やがて、おずおずと、そして次第にあわただしく、人々の往来がはじまった。

郵便汽船三菱会社の鹿児島支店から、神戸で配船の指揮を執る石川七財に宛てて電信が発せられた。

「細島大佐より左の通り申し来たる。取り敢えずご報告に及ぶ。今暁より攻撃、午前九時三十分平定。西郷、桐野、村田三人の死骸を見たりと」

西南戦争は西郷隆盛の死をもって終わった。双方で一万人以上の死者を出した。武士という特権階級は完全になくなった。

木戸孝允は同年五月に、京都で病に倒れたが、そのころ西郷軍は熊本城の包囲を解き日向地方に転戦していた。木戸は熱にうなされながら、「西郷、もうやめんか……」と、うわごとを言っていたという。

大久保利通は西郷の死を聞いて、

「おはんの死とともに新しか日本が生まれる。強か日本が……」

と号泣したといわれるが、明治政府を率いたその大久保も翌年五月に、不平士族によって東京紀尾井坂で暗殺される。

維新の三傑は一年以内に相次いでこの世を去った。

何たるあわただしさ。古い価値観は新しい価値観に駆逐されていく。いつの世も同じ。彌太郎は武士のはしくれとして古い価値観に縛られながら、自分に鞭打って新しい秩序に身を投げ込んでいく。「富国強兵」「殖産興業」の旗印の下、日本は熱病のように近代化に邁進することになる。

一大産業資本への道

この戦時中、明治天皇は京都に行幸して戦況の報告を逐一受けられた。大勢が明らかになった七月三一日、神戸から三菱の「広島丸」に乗船、八月二日、東京に戻られた。船中では、副社長の彌之助と管事の石川七財がお相手をした。後日、朝廷から三菱の貢献を多とし、彌太郎に対し金四〇〇〇円と銀杯一組、紅白縮緬《ちりめん》二匹ほかが贈られた。これら下賜品は岩崎家のお宝として代々大切にされ、現在は三菱史料館の貴重書庫に保管されている。

戦役八カ月間の御用船の航海日数は延べ七二四〇日。運航収入総額は二九九万円だった。この年の郵便汽船三菱会社の収入総額は四四四万円。支出は三二三万円。総利益一二一万円だった。ちなみに、陸軍省の食糧調達などを担当した三井物産はこの年、二〇万円の利益をあげた。なお、彌太郎は、身を挺して輸送に従事した社員全員に対し、総額一万二〇〇〇円余りを特別賞与として支給した。

この三菱の当期利益は九三万円。現在価値でどれくらいのものなのか見当もつかないが、一三年後の明治二三年（一八九〇）に三菱は丸の内の土地など一〇万坪余りを一二八万円で国から買い受けている。手許のあまり信用できない統計によれば、この間の物価指数は横ばいで、せいぜい一〇％程度アップしただけらしい。

都市機能も価値観も今日とはまったく違うのだから、むりやり計算して比較しても意味がない。ただ、この西南戦争での軍事輸送は三菱の財政的基盤を確固たるものにし、その後の投資戦略によって三菱が日本の一大産業資本に発展する道を拓いたことは間違いなさそうである。

三菱は国とともにあることを十分に意識して、さらに船舶を買い増し、明治一〇年（一八七七）末の時点で、所有汽船数は六一隻に達した。それはわが国の蒸気船総トン数の七三％にあたった（三島康雄著『三菱財閥史』教育社ほかによる）。

まさに日の出の勢い。彌太郎個人としても、東京に広大な土地を取得、湯島に本邸を構え、深川と駒込には別邸として大名並みの庭園を造成し、億万長者の生活を実現する。

明治一一年（一八七八）七月、朝廷はあらためて西南の役における三菱の功績を賞し、彌太郎に勲四等旭日小綬章を与えた。戦前の叙勲はもっぱら軍人と官吏を対象とし、民間人で勲四等旭日小綬章を与えられたのは岩崎彌太郎ただ一人である（栗原俊雄著『勲章―知られざる素顔』岩波新書）。

かくして、三菱は彌太郎という強力なリーダーの下、「お国のため」を活動の理念として、さまざまな分野で明治日本と軌を一にして発展していくことになる。

そのころの東日本――クラーク博士

西日本の出来事だけを見ていると明治初期の日本に片寄ったイメージを持つことになるので、本論からずれるが、当時の東日本に目を転じてバランスを取ろう。

政府が開拓使を設置し北海道の開発に着手したのは明治二年（一八六九）。戊辰戦争に敗れた多くの元武士が藩ごとに北海道各地に投入された。明治七年（一八七四）には屯田兵の制度が敷かれ、日本各地の士族が新天地を求めて入植、北方の守りを固めつつ厳しい自然条件の中で森を切り開き畑地を造るという、慣れない仕事に取り組んだ。それは寒さと飢えとの戦いでもあったが、明治政府としては士族授産と北海道開拓という壮大なプロジェクトの展開だった。

三菱が北海道に航路を開いたのは台湾出兵の軍事輸送の翌年、明治八年（一八七五）二月である。横浜から、松島湾の寒風沢《さぶさわ》を経て青森、函館に至る。翌九年（一八七六）には横浜から西へ廻って下関経由で松江、敦賀、伏木（富山）など日本海各地の港を経由して函館に至る航路を確立した。ただし、北海道各地の航路は明治一〇年（一八七七）の西南戦争が終わって船舶に余裕ができてからだ。

札幌に農学校が創設されたのは明治九年（一八七六）。開拓事業の指導者となる人材を育成する（東京大学農学部の前身である駒場農学校が創設されたのは明治一一年）。開拓長官は薩摩出身の黒田清隆。自分の目でアメリカを見、アメリカの文化に心酔して帰国した。黒田の下で同じ薩摩出身の調所広丈が権書記官として開拓使の実務をこなしていた。この調所が名目だけ農学校の校長兼務で、一切はアメリカから招聘したマサチューセッツ農科大学学長のウィリアム・クラーク博士に任された。クラークの肩書は日本語では「教頭」だったが、英文表示は「President」だった。

二人の若い教師とともに七月に来日したクラークは、一期生たちとともに品川から「玄武丸」

という開拓使所属の九〇〇トンの船に乗り、函館経由で小樽に着き、馬で札幌入りした。そのころの札幌は人口二〇〇〇人程度の小さな町。クラークは一年間の休暇を利用してのわずか八カ月余の札幌滞在だったが、その間に専門科目のみならず教養科目も重視するマサチューセッツ農科大学をモデルに札幌農学校のカリキュラムを制定。また、校則は「Be gentleman!」の一語で十分とするなどアメリカ流の指導で生徒の心をつかみ、一六名の一期生にキリスト教信仰も含め多大な影響を与えた。授業はすべて英語で、ノートを取るとアメリカ人教師が添削してくれたので英語の力もついた。

明治一〇年（一八七七）四月、札幌を離れるにあたり、島松（現恵庭市）まで送ってきた生徒たちに対し、馬上から「Boys, be ambitious!」と言い残した話はあまりに有名だ。

島松の別れの後クラークはどうしたかというと、室蘭までは馬で行き、そこから函館の七飯《ななえ》まで小さな蒸気船に乗り、函館からイギリスの蒸気船で横浜へ戻った。というわけで、クラークは残念ながら行きも帰りも三菱の船には乗っていない。

九州の地で西南戦争がはじまったのはこの年の二月なので、クラークの札幌在任中に起きたわけだが、クラークが何か語ったとか、札幌農学校に何か影響があったとかいう記録は一切ない。アメリカの南北戦争で北軍の大佐として従軍した男なので、少々のことには動じなかったのだろう。

クラークが離日してから入学した二期生は、若いアメリカ人教師や、熱心な一期生からクラークの精神を学んだ。その中から内村鑑三や新渡戸稲造など、日本のみならず世界に通用する人物が育った。

そのころの東日本――イザベラ・バード女史

もうひとつ東日本の話をする。西南戦争の翌年の明治一一年(一八七八)の夏、イザベラ・バードという中年のイギリス人女性が単身日本にやってきて、カタコトの英語を話す伊藤青年を供に、馬で三カ月かけて東京から北海道の白老《しらおい》まで旅をする。その見聞を記した『日本奥地紀行』(高梨健吉訳、平凡社ライブラリー)が、当時の日本の地方の実情を活写していて実に面白い。

イザベラは、東京から栃木、福島、山形、秋田を経て青森に至り、そこから函館まで三菱の船に乗るが、そのときの青森を次のように描写している。

「青森は灰色の家屋、灰色の屋根、屋根の上に灰色の石を置いた町である。灰色の砂浜に建てられ、灰色の湾が囲んでいる。青森の都ではあるが、みじめな外観の町である。……青森は深くて防波の充分によい港があるが、桟橋などの貿易上の設備がない。兵舎やふつうの県庁があるが、町について調べる時間がなかった。ただ三十分の間に三菱会社の事務所で切符を買っただけである。……それから『洋食』という文字がうす汚いテーブルかけに書いてある料理店で魚肉を一口急いで食べて、灰色の波止場に駆けて行った……」

イザベラは白老でアイヌとの生活体験をした後、帰路に着き、函館で船に乗る。紀行文には三菱の船とは書かれていないが、彼女の乗った「兵庫丸」はれっきとした三菱の船である。明治八年（一八七五）に政府から払い下げを受けた一四〇〇トンの船だ。

「ヘボン博士夫妻（宣教師でありヘボン式ローマ字の創始者。たまたま一緒になった）と私は、十四日の月明かりの晩に函館を去ったが、私たちだけが兵庫丸の船客だった。……しかし、こんなみじめな航海を私は経験したことがなかった。……むんむんとして蒸し暑くなり、気温は八五度（華氏、摂氏ほぼ三〇度）に上がった。私たちは北緯三八度〇分、東経一四一度三〇分のところで台風に出会った。……私たちは十七日になって初めて、ようやく船室から這い出して、お互いに話を交わすことができた」（同書）

箱根の遊覧船に毛が生えたくらいの船である。しかも貨物船で、積荷は肥料用のニシンや昆布など海産物だ。蒸し暑さと生臭さは想像を絶するものだったに違いない。おまけに台風にもみくちゃにされたのでは、さぞやみじめな船旅だっただろう。青い顔をしてゲーゲーやるさまが見えるようだ。

彼女は一七日の真夜中近くなってようやく横浜港に着いたのだが、悪いことに台風の余波で首都圏は水びたし、横浜・東京間の鉄道も不通で復旧の目途も立っていなかった。

三菱の北海道航路

三菱の定期航路は、東京・大阪間、神戸・高知間、神戸・博多間、東京・四日市間といった、（高知航路は特別として）基本的に大市場間に限定されていた。それが、台湾出兵の軍事輸送を担って政府の信用を勝ち得た次の年すなわち明治八年（一八七五）には、上海航路、琉球航路などとともに、北海道に航路を開いた。北海道開拓という国策に沿ったものだった。

その年の五月には函館支店を設置した。六五〇トンの「東海丸」と五五〇トンの「瓊浦丸」が、一八日で往復した。経営が行き詰まった日本国郵便蒸汽船会社を三菱が吸収合併したのは九月だった。さらに翌九年（一八七六）四月には、大阪から馬関（下関）、松江、敦賀と西回りで函館に達する航路も開き、東回りの横浜函館航路も、船川、新潟、伏木、敦賀まで延長され、「日本大回り」を実現している。このため、函館に加え石巻、酒田、新潟、伏木、境、青森に支社が設置された。

明治一〇年（一八七七）二月に西南戦争が勃発すると、三菱は所有船の大半を軍事輸送に回すなど政府に全面的な協力を惜しまなかったので、当然北海道航路は手薄となる。船腹のキャンセルに悲鳴をあげる函館支社の彌太郎宛の書簡を例示しよう。

過日電信を以て船本（龍之助、本社員）迄掛合仕候通、当節積荷過分御座候。今般の瓊浦丸にも斗余の残に相成、其余青森にて玄米三千石、宮古に千五百、実に荷主の苦情不一と方（苦情の多さは一方ではない）、既に八戸の荷物周旋屋当地迄立越、此度の瓊浦丸廻船致呉候様達て申出候得共、右に上申仕候通り、当地にても困却仕候間、当度は相断、次船には是非為積入可申（今回は無理ですが、次の船には必ず荷物を積みますから）と相談置候に付、早々別段廻船に相成候奉願候……。

青森函館の間当節より船客沢山有之、当瓊浦丸にも弐百人余乗船に相成候間、青竜丸にも御用済次第早々御廻奉願候此段上申仕候也。

十年二月廿七日　函館支社事務長　池添権平

社長岩崎彌太郎殿

かように、西南戦争が続く間、北海道に限らず日本各地で物流は混乱を来たしたが、終戦になってしまうと、一転して船舶が余剰となった。

明治初期、なんといっても北海道開拓は国策である。三菱は余剰船舶の振り向け先としても、本格的な北海道進出を模索していく。明治一二年（一八七九）六月には開拓使庁から補助金を得て青森・函館間の一日おきの航路を確立する。小型船舶ではなく大型汽船（といっても数百トンだが）による安定した輸送は、まさに北海道の物流革命だった。

函館支社に加え小樽と根室に出張所を出した。航路は、西回りは函館から江差、岩内、小樽、石狩、留萌まで。東回りは室蘭、十勝、釧路、根室まで。積荷は鮭、鱈、するめ、昆布、カズノコ、絞りかす、鹿皮、硫黄、木材など。漁獲物が主たる積荷であったため季節変動が大きく採算が取りにくかったので、漁期が終了すると船舶を西日本に回し、漁獲物が出回るころに入ると北海道に回したりした。

なお、このころ根室出張所には後に東京海上火災取締役会長になる末延道成がおり、小樽出張所には後に内閣総理大臣にまで上り詰める加藤高明が勤務していた。

北海道は、三菱の人材育成の最前線でもあったわけだ。

三菱が大阪から東京に本社を移してからの数年は、台湾出兵から西南戦争に至る一連の軍事輸送で、海運三菱にとってまさに上げ潮の数年だった。

ここで、その間の彌太郎の住居についてまとめておく。

東京の岩崎邸

多忙を極める彌太郎、明治六年（一八七三）、まだ大阪に本社があるときに、湯島梅園町に家屋を購入した。翌年に三菱の本社を東京の南茅場町に移すと、家族を引きまとめた。湯島天神の境内の南側に接する家屋で、元は伊勢源という料亭だった。現在も赤レンガ塀の一部が残っている。

その年すなわち明治七年（一八七四）、彌之助が後藤象二郎の長女・早苗と結婚する。岳父・後藤象二郎から神田駿河台東紅梅町の屋敷の東半分を譲られて新居とした。北側に、江戸時代に本郷台地を掘削して神田川を通したお茶の水渓谷があり、それを跨《また》いだ高台に神田明神がある。

明治一〇年（一八七七）には彌太郎が後藤から西半分を買い取り、梅園町から移り住んだ。当時三菱の社員は、彌之助邸を「東御邸」、彌太郎邸を「西御邸」と呼んだ。現在は「御茶ノ水ソラシティ」という大きな貸しビルになっている。それ以前は日立の本社ビルがあった。JR御茶ノ水駅の聖橋《ひじりばし》口を出てすぐの本郷通りを挟んだところで、明治二四年（一八九一）に建設されたニコライ堂が目の前にある。

西南戦争の後、明治一一年（一八七八）に、彌太郎は駿河台の北方一キロほどに位置する下谷茅町《したやかやちょう》（現在の台東区池之端一丁目）の旧高田藩中屋敷を買い取った。しばらくは放置していたが、やがて老朽化した旧藩邸を取り壊して日本家屋を建て、明治一五年（一八八二）に駿河台から移り住んだ。その岩崎邸で、彌太郎は五〇年の人生を終えることになる。明治一八年（一八八五）の二月だった。

彌太郎の没後、郵便汽船三菱会社は共同運輸と合併して日本郵船として船出する。翌一九年（一八八六）に彌之助は海運以外の事業の推進母体として「三菱社」を設立、霊岸島（現在の中央区新川）に本社事務所を置いた。しかし、そこは間もなく手狭になったため、駿河台の東御邸の隣りに土地を買い増して職住隣接で本社屋を建設し、移った。明治二七年（一八九四）になって三菱社は「三菱合資会社」に改組され、久彌が社長になり、その半年後に丸の内の「三菱第一号館」が完成して移ることになる。

邸宅がらみ、本社屋がらみで話が先走りしてしまったが、次は創業期に時間を戻した上で、三菱の事業展開について述べることとする。

7　史上最大の起業家

岩崎彌太郎率いる海運三菱は「国あっての三菱」をモットーに、台湾出兵や西南戦争の軍事輸送を担って実力をつけ、従来の国内航路に加え上海にまで航路を拡大した。政府の強力な助成を背に米英の海運会社との堂々の競争に打ち勝つと、朝鮮航路、小笠原航路と手を広げた。

一方で、彌太郎は海運以外の事業にも手を出した。当初は当然つまずきもあったが、やがて鉱業や造船を含む広い意味での海運関連の事業が軌道に乗り、三菱は多角化の道を踏み出した。そして、あれよあれよという間に日本屈指の産業集団に成長する。

この章では、際限なく広がるその事業群を俯瞰するとともに、必要な人材は自ら育成するのだという彌太郎ならではの人材育成策に注目する。

分身の術

事業の多角化、一大産業集団化、となると、三菱の社長独裁システムはうまく回っていくのだろうか。新しい分野に事業を広げていくなら、社長権限を大幅に委譲しなければ組織は機能しないだろう。

ところが、心配無用。ここが三井など他社と違うところである。

同じころの三井でいえば、三野村利左衛門、益田孝、中上川彦次郎。あるいは住友でいえば、広瀬宰平、伊庭貞剛《いばていごう》、鈴木馬左也。幕末から明治初期の日本の大変革期を乗り越えた経営者たち。三井家、住友家から全幅の信頼を得て、舵取りをした。卓抜したそれぞれの経営の才は、今日の経営史の教科書にも特筆される。

三菱はどうか。石川七財、川田小一郎、荘田平五郎。得意不得意はあるが逸材中の逸材。だが、岩崎彌太郎、岩崎彌之助がいる限り、あくまでも参謀である。

三菱では独自の判断をする経営者は育ちにくい。なぜか。たとえ権限を委譲されても、腹心なればこそ常に彌太郎とコミュニケートし、「岩崎社長ならどう判断するか」を基準にして判断するのだ。いわば社長の分身になる。それができない幹部や上級管理職は更迭されるだけのこと。コミュニケーションは日中だけでは不十分、本音は往々にして夜の場で出てくる。それを体得してはじめて社長の分身になれる。

ということは、三菱がさまざまな事業を手掛けるようになっても、彌太郎の独裁は実質的に変わらなかったということである。なぜなら、分身の術で、司令塔は実質ひとつなのだ。このスタイルこそ岩崎三菱のマネジメントの神髄である。

創業期の事業——土佐の樟脳・製糸、紀州の炭鉱

土佐藩の経済官僚として長崎で土佐の物産の売り込みをやった経験から、彌太郎は樟脳事業に早くから目をつけていた。樟脳は今日でこそ医薬品原料や防虫剤として知られているが、プラスチックが世に出るまではセルロイドの可塑剤《かそざい》として使われ、さらにその前は無煙火薬の原料として各国の軍隊で使われた高額商品だった。

土佐はクスノキが多い。彌太郎は、林有造から執拗に説得されて九十九商会の経営を引き受ける際に種々条件をつけたが、藩営だった樟脳事業の払い下げもそのひとつだった。明治五年（一八七二）、高知県から「土佐国内開拓の事を依頼」されるという形を取り、県内のクスノキ

を独占的に伐採する権利を取得した。高温度の水蒸気で加熱して結晶である樟脳を抽出する。一時は一〇〇〇カ所以上の原料集荷施設を有し、そこそこの収益をあげたが、九十九商会による樟脳事業独占反対の声が高まり、県は反対論に配慮せざるを得なくなった。彌太郎は事業継続に無理があると判断、明治八年（一八七五）にすべての権利を放棄して撤退した。

同じ時期、製糸事業の払い下げも受けた。旧藩時代に養蚕を奨励し、開成館が製糸機械をフランスから輸入して創業したものだった。もともと採算の見通しが立っていない事業で、樟脳事業の払い下げと抱き合わせで引き受けさせられた。一時は二〇〇人の女子工員を雇う盛況を見せたこともあったが、所詮あだ花。基本的にこの程度の規模では採算に乗らず、樟脳事業を撤退する際にこの製糸事業も併せて返上した。

狭い土佐での事業に見切りをつけた彌太郎は、これ以降、事業において土佐にこだわることはなかった。三菱の創業者は故郷に恩返しをしなかったといわれる所以である。

創業期の事業で、もうひとつ。紀州の炭鉱に触れる。これは、土佐の事業よりも早い。明治四年（一八七一）、発足間もないころ、九十九商会が新宮藩に蒸気船を売った代金の一部として炭鉱開発の権利を得たもので、社船の燃料に使うことを想定した。ヨーロッパから機械を買い入れ明治一七年（一八八四）まで出炭したが、何カ所かあった炭鉱はいずれもあまりに小規模であることと、熊野川を四〇キロほど遡った北山川との合流地点に近いところで立地が悪いことから、多くは望めなかった。三菱にとって最初の炭鉱事業だったという点でのみ意義がある。

このときの鉱山機械の外国人技師の一人、デンマーク人のフレデリック・クレブスは、なかなかに気の利く人物で、後に三菱の幹部に抜擢され、主として海運関係の数百名に及ぶ外国人従業員のトップに立った。今日風にいえば「国際人材担当役員」であり、彌太郎、彌之助の足りない部分をよく補った。

前列左より石川、彌太郎、川田、クレブス、後列右より荘田、彌之助

明治一〇年（一八七七）ごろの三菱の幹部の集合写真では、クレブスは堂々と前列に座っており、彌太郎、石川七財、川田小一郎に次ぐ地位だったことをうかがわせる。三菱史を語るとき、このクレブスのキャリアゆえに、必ず紀州の炭鉱に言及することになる。

ところで、このクレブスの子孫が最近ロンドンの欧州三菱にコンタクトしてきたという。実家を訪問するなど少し突っ込めば、写真や手紙など当時の史料の掘り出しが期待できるかもしれない。

吉岡鉱山

岡山県の吉岡鉱山は三菱最初の金属鉱山である。備中松山藩主の板倉氏が手放す意向を持っていることを聞きつけた川田小一郎の進言により、明治六年（一八七三）に購入した。

川田と銅鉱山の出会いは伊予の別子である。川田は戊辰の役の後、新政府による伊予松山藩の別子銅山接収の役目を担い現地に乗り込んだ。現場の責任者だった住友家の広瀬宰平の捨て身の話に耳を傾け、「四〇〇〇人の労務者を抱える操業現場に混乱をもたらすことは国にとって得策ではない」と判断、住友が幕府から得た稼行権をこのまま認めるべきと、上司の板垣退助に提議した。新政府の承認を取りつけると、わざわざ労務者のために食糧を手配するなどして増産を促した。

川田はこのとき以来、鉱山経営に並々ならぬ興味を持っていた。九十九商会に入り、彌太郎の右腕となってからも、別子での体験は酒を飲むたび話題にし、鉱山経営への関心を語ってきた。したがって、川田から数字を並べて「吉岡鉱山を買い取ろう」と強く進言されたとき、彌太郎に違和感はなかった。「川田がそこまで言うんだからやろうじゃないか」と、鉱山稼行を海運事業に次ぐ第二の柱にする絵を頭の中に描いたのだった。

吉岡銅鉱の発見は古く、九世紀初頭の平城天皇の御代まで遡る。江戸時代は天領で、大坂の泉屋（住友家）が開発し、後に地元の福岡屋（大塚家）が再開発し経営していた。幕末は備中松山藩の直営となり、藩主・板倉勝静《かつきよ》のときは儒者・山田方谷《ほうこく》による財政再建の一環として銅の採掘が重視されたがたいした成果はあげられなかった。明治に入って板倉家は手放すことになり、明治六年（一八七三）、三菱が一万円で買い取った。

三菱が送り込んだ最初の鉱山主任は近藤廉平。大学南校に学び、大蔵官僚の書生をしていたとき岩崎彌太郎に預けられた。彌太郎は近藤をかわいがり、「好漢惜しむらくは実務を知らず」とあえてさまざまなビジネスの現場に突き放した。その甲斐あって近藤はめきめき実力をつけ、長じては日本郵船の社長としてなんと二六年もの間君臨した。

近藤の吉岡赴任当初は、鉱夫のストライキのほか、地下水脈に突き当たるなど技術的な問題で困難を極めた。それを徐々に克服し近隣の鉱山も買い取り、事業を軌道に乗せていく。明治九年（一八七六）には新たに良鉱脈が発見され、折から郵便汽船三菱会社はイギリスのＰ＆Ｏ社と上海航路で死闘を繰り広げていたときで、吉岡鉱山の経営改善は彌太郎を大いに感激させた。

当初は外国人ばかりだった技術者も、明治一〇年代から日本人が増えはじめ、明治一六年

（一八八三）には帝大出で、高島炭鉱で経験を積んだ長谷川芳之助が鉱山長になるなど現場の体制も整っていった。

やがて三菱は彌之助社長の時代になり、明治二〇年代には吉岡は三菱の稼ぎ頭のひとつになる。明治二四年（一八九一）には精錬所を建て、水力発電所を建設して電気による操業を行なうなど最新の技術を導入し、最盛期には一六〇〇人以上の従業員を擁した。その吉岡銅山も、やがて粗鉱の品位が下がっていき、昭和六年（一九三一）に鉱山としての役目を終えることになる。

なお、銅山採掘の捨て石である硫化鉄鉱を焼くと赤い顔料であるベンガラの原料ローハ（酸化第二鉄）ができることが江戸時代に発見され、以来吉岡鉱山のある吹屋地区（現高梁市成羽町吹屋）には多くのベンガラ工場が建った。ベンガラは建造物の塗装のみならず、陶磁器や漆器の鮮やかな色を出すのに使われた。三菱による順調な鉱山経営はベンガラ事業の繁栄をもたらしたが、休山とともに衰退する運命にあった。屋根から柱から、ベンガラ色に統一された吹屋の町並は、今日国の「重要伝統的建造物群保存地区」となっている。

川田小一郎

ここで川田小一郎についてまとめておく。川田小一郎は岩崎彌太郎より二歳年下で、抜群に理財の才があり土佐藩の会計方に登用された。戊辰戦争で幕府側についた伊予松山藩の資産を接収するために別子銅山に乗り込んだことはすでに述べた。

九十九商会が発足した翌年の明治四年（一八七一）から、石川七財と並んで社長に次ぐ立場で、やがて石川とともに管事となり、彌太郎独裁の三菱の経営を支えた。特に、若き日に別子で得た知識と経験は、吉岡銅山や高島炭鉱などその後の三菱の鉱山経営に活かされた。明治一五年（一八八二）に石川が急逝してからは、彌太郎の無二の盟友として経営を支え続け、彌太郎臨終の際は彌之助とともに「あとを頼む……」とまで言われた。

彌之助が二代目社長となると、炭鉱、金属鉱山、造船といった近代国家の基幹産業への集中的な投資をさらに推進し、三菱の隆盛をもたらしたが、彌太郎の長男・久彌が留学を終えて帰国し三菱の副社長になって代替わりしたのを見届けると、潔く三菱を退いた。

松方正義が黒田清隆内閣で大蔵大臣のとき、折からの不景気を乗り切るために日銀総裁には経済界の大物を招聘することとし、川田に白羽の矢を立てた。明治二二年（一八八九）、第三代総裁に就任する。

まさに大物中の大物で、日銀本社に出勤することはほとんどせず、行員を自宅に呼びつけて指示した。「日銀の法王」とまで言われた川田は、松方の期待に応え、日銀の中央銀行としての機能を確立し、明治二三年（一八九〇）の経済恐慌を乗り切り、さらに日清戦争の資金調達もやってのけた。しかし、辣腕を振るった七年目の明治二九年（一八九六）に、京都の別邸で急逝した。六〇歳だった。

余談ながら、長男は北海道の「男爵いも」で有名な男爵・川田龍吉である。函館近郊の七飯と当別に農場を持っていた。イギリス留学時代に食べたジャガイモが忘れられず、その味を追求して、ついに栽培に成功した。それが「男爵いも」というわけである。

横浜の三菱製鉄所

海運会社は当然のことながら船舶のメンテナンスに追われる。政府から払い下げられた船舶には老朽船も多い。都度、上海まで持っていくのは極めて不便である。明治七年（一八七四）の台湾出兵の際の政府からの委託船や、その翌年に解散した日本国郵便蒸汽船会社の所有していた船舶三一隻の無償交付なども含め、三菱は四〇隻以上の船舶を所有するようになったが、大半は一〇〇〇トンに満たない老朽船で常に修繕を必要としていた。

新興国の日本。先端事業においては、自分のことは自分でやらなければならない。彌太郎は上海で造船工場を持つボイド商会の技術を導入、合弁で造船所を横浜に建設することにした。明治八年（一八七五）一二月、海岸通りに三井組から一〇〇〇余坪を借りて建設された工場は、「三菱製鉄所」と命名された。

明治一〇年（一八七七）の西南戦争後に膨れ上がった三菱の所有船舶数は六一隻、三万五〇〇〇トン余。これは全国の汽船総トン数の七三％に達していた。国内の航路網も充実し修繕船事業は大忙しだった。

明治一二年（一八七九）には、三菱はボイド商会の権利を買い取って自立し、明治一三年（一八八〇）末に、同じ横浜に三万余坪の工場を建設して移転した。明治一七年（一八八四）になって三菱は官営の長崎造船所を借り受けたので、多くの技術者が横浜から長崎に移った。

彌太郎没後の明治一八年（一八八五）に三菱の海運部門である郵便汽船三菱会社と共同運輸が合併して日本郵船になると、横浜の三菱製鉄所は日本郵船に移管され、明治二九年（一八九六）には同社の子会社である横浜船渠株式会社に譲渡された。前項で触れた川田龍吉は函館に移り住む前の明治三四年（一九〇一）から六年間、この横浜船渠の社長を務めた。時代は下り、昭和一〇年（一九三五）、その横浜船渠は三菱重工業に吸収合併され、昭和一八年（一九四三）に「横浜造船所」と改称された。

三菱の造船というと長崎のイメージが圧倒的なので、しばしば三菱の造船は長崎にはじまったと誤解され、社員ですらそう思い込んでいる人が多い。しかし、横浜の「三菱製鉄所」では小型ながら新造船も手掛けたので、「三菱の造船は横浜にはじまる」というのが正しい。昭和三一年（一九五六）刊行の『三菱重工業株式会社史』には、途中の話は省略されて次のように簡単明瞭に記されている。

「三菱が造船に手を染めたのは明治八年（一八七五）、海運業の傍ら専ら所有船の修繕を目的として横浜に三菱製鉄所を設置したのに始まる。然し、其の本格化は郵便汽船三菱会社が政府より長崎造船所を借り受けてからのことであり、更に積極的に乗り出したのは海運業より後退した三菱社が同造船所を買収してからのことに属する……」

横浜造船所は昭和五七年（一九八二）に金沢（横浜市金沢区）・本牧（同中区）に移り、翌年「横浜製作所」と改称した。歴史ある造船所の跡地は、平成五年（一九九三）完成のランドマーク・タワーをはじめ多くの高層ビルが林立する「みなとみらい21」に生まれ変わっている。往時を思い起こさせるのは「ドックヤード・ガーデン」くらいである。この日本最古の石造りドックヤードは昭和四八年（一九七三）まで使われたもので、国の重要文化財に指定されている。

水道事業

彌太郎の事業としては異色の、水道事業にも触れておこう。元禄時代、五代将軍・綱吉の命により、玉川上水から巣鴨の庚申塚まで堀を開鑿《かいさく》し、そこに貯水池を造り、木樋で小石川白山御殿、上野寛永寺、浅草寺御殿、湯島聖堂など江戸城の城北部一帯に給水したのが「千川水道」である。総延長約二二キロで江戸の六上水の一つだった。しかし、メンテナンスが大変で興廃を繰り返し、江戸時代後期には廃れてしまい、せっかく上水道による生活をエンジョイしていた住民も井戸水に頼る生活に戻っていた。

明治一一年（一八七八）に下谷茅町の旧高田藩邸を買い取った彌太郎は、この千川水道をビジネスとして復活させて地域の近代化を図ることを考えた。駒込の別邸である六義園《りくぎえん》もそのエリアに含まれるので、池に水を引けば柳沢吉保時代の名園を復活できる。

灌漑用水の枯渇を恐れる上流の住民の反対意見もあったが、明治一三年（一八八〇）、東京府の許可を取得、人海戦術で上水道を建設していった。巣鴨の庚申塚に大きな貯水池を復活させ、そこから木樋による送水・給水システムを整備、明治一四年（一八八一）には本郷、下谷、浅草、小石川、神田方面での営業開始にこぎつけた。というのも、この年に、上野の不忍池畔で殖産興業を旨とする国家的イベント「第二回内国勧業博覧会」が予定されていたからだ。このため、千川水道再建の許可も早々に下り、博覧会の開会に何が何でも間に合わせるべしとの、今日でいえばオリンピック・プロジェクト並みの至上命令だった。

まさに突貫工事の末に間に合わすことができ、彌太郎は大満足だった。当時の新聞は、博覧会の会場の中央に造成した噴水が豊かな水を噴き上げるさまに、満員の人々が目を見張ったことを絵入りで報道している。期間を通して八〇万人以上の入場者がこの水の芸術を楽しんだ。

千川水道は日本最初のビジネスとしての水道事業だった。その後、水道は公共事業として東京市全域で整備されていったので、明治四一年（一九〇八）にすべてを東京市に譲渡して三菱の水道事業は終わった。

なお、その後の千川水道は、昭和二七年（一九五二）から暗渠《あんきょ》化が進み昭和四〇年代に完成、現在は上水道としての役割も終えている。

高島炭鉱

明治一〇年代の三菱の、事業投資のハイライトは高島炭鉱の取得だろう。

そもそも高島の石炭は元禄時代に発見され、野母《のも》半島の佐賀藩支藩である深堀藩がほそぼそと採炭していた。主として佐賀藩各地にある塩田の塩水を煮詰めるための燃料に使われた。石炭の本格的な採掘は幕末になってからである。明治二年（一八六九）には、佐賀藩はトーマス・グラバーをパートナーにして本格的に採掘をはじめた。しかしグラバーは破産、権利はオランダ商館の手に渡った。明治六年（一八七三）、日本坑法が発布されて鉱区制・本国人主義が採られ国有化された。翌年に後藤象二郎の経営する蓬莱社が払い下げを受け一儲け企んだが、炭鉱事業の何たるかを知らず、典型的な武士の商法で、経営は間もなく行き詰まった。

彌之助は、高島炭鉱の推定埋蔵量、出炭予想、収支予想等を総合的に分析し、相当の代償を払っても取得する価値があるとの結論を得て、買い取ることを彌太郎に進言した。だが、彌太郎は首を縦に振らない。石川七財も川田小一郎も彌之助と同意見で、彌太郎に決断を迫るがダメ。

後藤は土佐藩以来の恩人とはいえ、彌太郎は後藤の二枚舌にはこれまで何度も煮え湯を飲まされてきた。今回も、不信の根底にあるのは後藤の負債。ひとたび買い取りの姿勢を示すと、あれもこれもといろんなことを後出ししてくるに違いない。

だが、そういう不透明な要素をひっくるめても、買い取る価値ありというのが彌之助の意見だった。

福沢諭吉はかねてから、政治家としての資質の高い後藤象二郎が事業の世界でつぶれてしまうのは惜しいと考えていたが、

「小生も実を申せば、いらざるお世話なれども、近来の事情双方共に損して益なし。お互いに宝を抱きてその用をなさざるものの如し。余り馬鹿らしく存知候より、一寸口を出さんと欲するのみ」（「荘田平五郎宛書簡」）

と、彌太郎説得に乗り出す。

滑った転んだの末、明治一三年（一八八〇）七月になってようやく話はまとまるところまで来た。ところが、いざ引き渡しの段になって、彌太郎が懸念した通りさらに多大な出費が必要であることが判明する。彌太郎は、

「象二郎我をごまかし、我を愚弄せんとするの心得は面白からず……我労し我苦しみ、人の醜体を我引き取り、人を安穏最高の殿様に仕立て置くは我嫌い」

と、彌之助と交渉にあたった石川七財を罵倒した。もはや破談寸前。やむなく福沢は大隈重信に応援を頼む。

大隈は彌太郎に書状を送った。

「些細なことでお怒りなさるな……」

参議筆頭の大隈になだめられては、彌太郎も刀を鞘に納めざるを得ない。明治一四年（一八八一）三月に至り彌太郎は折れて、炭鉱買い取りの契約は成立した。後藤の負債整理に六〇万円、炭鉱払い下げ未納金二六万円など、計九七万円余りを要した。大変な金額だったが、高島炭鉱は後に三菱のドル箱になったのだから安い買い物をしたといえる。

政府の承認を得ると、三菱は高島炭鉱事務所を設置、新生高島炭鉱が蓬莱社の二の舞いとならぬよう、社内の鉱山関係の英知を結集する。

総指揮は東京の川田小一郎が執り、長崎の指揮は山脇正勝、それにジョン・ストダートら当時の一流外国人技師や、大学南校を出てコロンビア大学で鉱山学を学んだ長谷川芳之助や南部球吾ら日本人新進技師が加わった。吉岡鉱山経営の経験を買われて近藤廉平も呼び寄せられた。

彌太郎は明治一八年（一八八五）に他界するが、必要資金を投入して近代化を図った高島炭鉱は、彌之助の目論見通り明治二〇年代になって三菱最大の事業となった。その大きな収益は、三菱が海運事業から鉱業や造船を軸とする一大産業資本に脱皮し発展していく原動力になった。

なお、彌太郎自身はついに高島を訪れることはなかったが、平成一六年（二〇〇四）、高島の埠頭に、北渓井坑《ほっけいせいこう》の方を指差す彌太郎の銅像が建てられた。このとき「岩崎彌太郎と高島」と題した銅版の説明文の作成に関与したので、内容は上述とダブるが、一部引用しておく。

……高島炭鉱は、江戸時代中期以降佐賀藩が採掘していた。幕末に英国人トーマス・B・グラバーをパートナーにして近代的操業を試みたが、明治三年にグラバー商会が倒産してしまい行き詰まった。明治七年以降は、払い下げを受けた後藤象二郎の蓬莱社が操業したが、やはり資金繰りに窮してしまった。見かねた福沢諭吉と大隈重信が、日の出の勢いの岩崎彌太郎に炭鉱の買取りを進言した。

それが岩崎彌太郎と高島炭鉱の出会いである。

当初、高島炭鉱は、一五〇万トンの炭量でわずか八年の炭命と考えられていたが、関係者の創意と工夫と努力によって一〇五年間操業を続け、昭和六十一年（一九八六）十一月二十七日に閉山するまでに、実に五五〇〇万トンの出炭を記録した。

海運業を興し、鉱業、造船と活動の範囲を拡大していった岩崎彌太郎の経営哲学は、「期するは社会への貢献」すなわち事業を通じて国や人々に尽くすことにあった。激しく燃える炎のように常に全力で事業に取り組んだ岩崎彌太郎は、日本の近代化に多大な貢献をし、明治十八年（一八八五）二月七日、満五十歳でこの世を去った。その精神は、今も燃える「黒ダイヤ」のように輝いている。

平成十六年十二月製作　高島町

軍艦島

彌太郎には関係ないが、高島炭鉱に関連した後日談として、軍艦島について触れておく。平成二五年（二〇一三）九月、政府は「明治日本の産業革命遺産――九州・山口と関連地域」をユネスコの文化遺産に推薦することを決めたが、その中の目玉のひとつが高島の隣りにある軍艦島だ。

島影が軍艦に似ているからそう呼ばれるが、正式名称は「端島《はしま》」。ざっと五〇〇メートル×一五〇メートル程度の島だ。端島の石炭が発見されたのは一九世紀初頭、文化・文政の時代に遡る。

三菱は明治一四年（一八八一）に高島炭鉱を取得した後、近接する中ノ島、二子島などの鉱区も取得した。彌太郎没後の明治二三年（一八九〇）に佐賀藩の支藩だった旧深堀藩の鍋島孫六郎から端島を買い受け、高島炭鉱の支坑として本格的な採掘を開始した。炭鉱の大半は海底にある。
以来八四年間、一日二四時間一年三六五日掘り続け、四本ある竪坑のひとつは地下三五三メートルに達した。合計一五〇〇万トンの良質な強粘炭を産出し、製鉄用原料炭や発電所用燃料として使われた。

高さ一〇メートルの護岸で囲まれた島は、海底から掘り出したボタで埋め立てられている。ピーク時は五〇〇〇人以上の従業員や家族が住み、水や電気は海底を通して対岸から供給されたが、海が荒れると一週間も一〇日も孤立し、生鮮食料品が底をついた。

国策に沿い、困難を克服しながら生産を続けた軍艦島だったが、石炭から石油へのエネルギー革命には抗し切れず、昭和四九年（一九七四）、閉山やむなきに至った。コンクリートの高層住宅やオフィスが、灰色の廃墟となって今日も静かに存在している。

軍艦島は廃墟になってからも三菱鉱業あらため三菱マテリアルが所有していたが、平成一三年（二〇〇一）に高島町に寄付され、その後、高島町は長崎市に吸収合併された。現在は長崎港などから定期観光船が出ており、安全管理の観点からエリアは限定されているが上陸もできる。

長崎造船所

岩崎彌太郎は、海運事業に船舶修繕は付きものであることから、明治八年（一八七五）から横浜に三菱製鉄所を手掛けていた。長崎でも同様のことを行なうため、明治一七年（一八八四）、郵便汽船三菱会社の名で「長崎造船局拝借願い」を伊藤博文工部卿宛に提出し、二五年間の借用が承認された。

そもそも長崎造船局は、文久元年（一八六一）に徳川幕府により長崎港内の飽ノ浦《あくのうら》に建設された、熔鉄、機械、汽缶などを製造する「長崎製鉄所」に端を発し、文久三年（一八六三）に立神《たてがみ》に造られた軍艦打建所が造船の能力を備えていたもので、明治維新とともに工部省所管となった。それに薩摩藩が建設した小菅修船所を加えるなどして主として船舶の修繕を行なってきたが、他の官営事業同様、経営内容は惨憺たるものだった。明治一六年（一八八三）に「長崎造船局」と名称変更したが、明治政府内部には国内産業育成のために貸し下げないし払い下げをしようとの動きが出ていた。

引き渡しを受けた三菱は七月二八日付で、

「飽ノ浦造船所並びに立神船渠、小菅船架、その他右に所属の地所建物とも去る七日同所御出張紅林書記殿より御引き渡し相受け、同日より長崎造船所と相唱え……」

と、今後は「長崎造船所」と称する旨の書簡を彌太郎名で出した。相手の工部卿は佐々木高行に代わっていた。なんとあの佐々木だ。幕末から明治の初めにかけて、ともに土佐藩を背負って長崎にいた……。確執も遠い昔のこと。双方それぞれの道で功成り遂げていた。

三菱は、長崎造船局の技術者を引き継ぎ、横浜の三菱製鉄所から技術者（といってもほとんどが外国人）を大量に移して操業を開始した。このときの従業員総数は約八〇〇名。明治二〇年（一八八七）には岩崎彌之助が長崎造船所の正式な払い下げを申請、受理されて、三菱の本格的な修繕船、新造船分野への進出がはじまったのだった。

なお、平成二五年（二〇一三）にユネスコの世界遺産（産業遺産）の暫定リスト入りした「九州・山口の近代化産業遺産群」の中に、三菱造船所関連施設として向島第三ドック、旧鋳物工場併設木型工場、小菅ドックなどが名を連ねている。小菅ドックは薩摩藩とグラバーが建設したもので、修繕船を引き上げるための滑り台がソロバンを思わせるため「ソロバン・ドック」の愛称で親しまれた。

銀行の原点

海運業に付随して発生した金融関係の事業について触れておこう。

上海航路におけるP＆O社との死闘の中で、三菱が顧客サービスの切り札として明治九年（一八七六）に採用したのが、荷為替金融だった。貨物を担保として荷主に金融を行なうというもので、荷主にしてみれば貨物を積んだ段階で割り引いてもらえる、すなわち現金化できるという、結構な制度だった。荷主が三菱の船に載せることを希望するというのでは、三菱に反発する積荷問屋も逆らえない。激しい競争もこれが決め手となって積荷は三菱に流れ、P＆O社はやがて撤退やむなきに至る。

荷為替金融は他の航路にも適用されることになり、全国の支店に荷為替金融を行なう為替方を配し、明治一三年（一八八〇）、東京霊岸島に三菱為替店（三菱為換店とも書く）が設立された。福沢諭吉門下の肥田昭作が元締に就任、全国の郵便汽船三菱会社の支社に為替店の支店が設置され、荷為替、通常為替、預金、貸付金、倉庫などを行なうようになった。

その為替店は明治一七年（一八八四）に役目を終えたとして閉鎖したが、彌太郎没後の明治一八年（一八八五）に、三菱は資金繰りの行き詰まった第百十九国立銀行の業務を引き継ぐことになる。これは、明治一二年（一八七九）に武士階級の退職金ともいうべき金禄公債証書を資本として臼杵藩の士族たちによって設立された第百十九国立銀行が、不良債権を抱えて行き詰まってしまったのを、同じ臼杵出身の荘田平五郎が「旧知の士族が困窮するのを見るに忍びず」と、岩崎彌之助に働きかけて実現した銀行救済策だった。

これは、実はかねがねチャンスをうかがっていた銀行業務進出の第一歩だった。国の発展、経済の拡大の中での銀行の役割を考えると、三菱としては本格的銀行業務に取り掛かりたかった。そこへ第百十九国立銀行の話。既存の国立銀行の営業権を獲得することにより、彌太郎以来の懸案だった銀行業への道を拓いたのだった。

明治二八年（一八九五）に至り、三菱合資会社は営業目的の中に銀行業務を加え、合資会社の銀行部という看板で営業を開始する。これに伴い、第百十九国立銀行は解散、業務は三菱合資会社銀行部に引き継がれた。さらに、三菱銀行として合資会社傘下で独立するのは、彌之助の長男・小彌太が社長になってからの大正八年（一九一九）である。

倉庫、保険

前述のように海運事業助成策を享受する条件として、郵便汽船三菱会社は海運に専念すべきこととされた。このため関連事業である荷為替金融は、岩崎家の事業という位置付けにされた。実権を握っているのはどちらも岩崎彌太郎なので、実務上、特別の支障はなかった。

荷為替金融に続く関連事業が倉庫業である。江戸時代の廻漕業者は受託貨物を輸送から倉庫保管までの一切合財をパッケージで請け負っていた。この商慣習を構造改革し、倉庫を独立した事業にすべきだと彌太郎は考えた。知恵袋はもちろん荘田平五郎。

倉庫業は海運をベースとするが、独自に事業分野を拡大し採算を追求することができる。すでに海運をベースに荷為替金融が成り立っていたが、倉庫も同様に独立採算が可能のはずだ。明治一二年（一八七九）、三菱為替店は倉庫業を興した。

翌一三年（一八八〇）、東京の江戸橋に、フランス人のレスカスの設計で、煉瓦造りの倉庫七棟が建設された。三代歌川広重が「古今東京名所江戸橋三菱の七つ蔵」として何枚か描いた錦絵が評判となり、洋風の倉庫は東京の新名所になった。

日本郵船が発足するとき、倉庫業務も同社に移管されたが、明治二〇年（一八八七）に東京倉庫会社として独立、大正七年（一九一八）、三菱倉庫株式会社になった。

次に保険だが、そもそも保険の概念を日本に紹介したのは福沢諭吉で、「災害請け合いのこと、インシュアランス」として、生命保険、火災保険、海上保険は、文明開化の社会には必要であると説いた。明治九年（一八七六）に彌太郎は海上保険業の営業許可を政府に申請したが、海運会社が海上保険を兼ねるのは不適当として却下された。

明治一二年（一八七九）になって、旧大名華族の組合が中心になり、渋沢栄一を総理代人として東京海上保険会社が設立された。オール・ジャパンを目指して渋沢は三菱にも声をかけ、彌太郎もそれに応じた。蜂須賀、毛利、徳川、松平、池田らの華族組合が資本金六〇万円の五〇・八％を出資した。個人では岩崎彌太郎が一七・五％で筆頭株主になった。ほかに、三井物産、三井銀行、渋沢栄一や大倉喜八郎、安田善次郎なども出資者に名を連ね日本初の海上保険会社が実現した。

頭取（のち会長に呼称変更）には華族組合の蜂須賀茂韶《もちあき》がなった。郵便汽船三菱会社と三井物産が代理店となり、明治二九年（一八九六）からは経営のプロである三菱の荘田平五郎が取締役会長になる。

明治一〇年代前半の海上輸送は三菱が圧倒的シェアを占めていたので、人々は何かを輸送するとなると、好むと好まざるとにかかわらず三菱の船に積まざるを得ない。ということは、三菱は輸送代に加え、倉庫料と為替割引料、それに海上保険料という四種類の収入源を、一気通貫で得ることになったのだった。

彌太郎の事業展開ではないが、海上保険が出たついでに、生命保険についていえば、明治一四年（一八八一）、三菱の福沢門下生が中心になって有限明治生命保険会社を設立した。荘田平五郎が会社の組織や経営方針を作成、頭取（のち会長に呼称変更）に阿部泰蔵がなった。阿部の後は荘田が会長になる。資本金一〇万円で、荘田、阿部のほか、吉川泰二郎、朝吹英二、肥田昭作、浅田正文ら三菱の社員が株主かつ役員に名を連ねた。彌太郎は出資しなかったが、明治二〇年（一八八七）に岩崎久彌が乞われて株主になり、三年後には筆頭株主に。大正三年（一九一四）には全体の三七％の株を所有する。

荘田平五郎

荘田平五郎がたびたび出てきたので、荘田のことをざっとまとめておこう。
弘化四年（一八四七）、豊後の臼杵に生まれる。雨の似合う古い石畳の城下町だ。かつては大友宗麟の居城もあった。藩校学古館で抜群の秀才だった荘田は一九歳のときに江戸の英学塾・青地信敬塾に入門、一時薩摩藩の開成所に転じ、明治維新成って明治三年（一八七〇）、二三歳で再び上京し慶応義塾に入塾した。

前述のように福沢は荘田の卓抜した識見と才能を早々に見抜き、入塾四カ月後には義塾の教師待遇とした。やがて義塾分校設立のために大阪、京都に派遣、そこで荘田は「学問と算盤の両刀使い」ぶりを十分に発揮した。その荘田が明治八年（一八七五）二月、嘱望されて三菱に入る。福沢は慶応義塾の優秀な人材を惜しげもなく実業界に供給した。

前章で述べたように、三菱での荘田の最初の大仕事は「三菱汽船会社規則」の策定だった。その冒頭の「立社体裁」で「当商会は……まったく一家の事業にして……ゆえに会社に関する一切のこと……すべて社長の特裁を仰ぐべし」と、社長のワンマン体制を宣言した。強烈な彌太郎哲学を冒頭に盛り込んだ、福沢門下生苦心の会社規則である。さらに二年後には経理規程ともいうべき「郵便汽船三菱会社簿記法」をまとめ、複式簿記を採用。三菱は大福帳経営を脱し近代的な経営システムを確立していく。

初期三菱の経営戦略を担った荘田は、東京海上保険会社、明治生命保険会社の設立に関わり、第百十九国立銀行を傘下に入れ、東京倉庫会社を設立するなど、さまざまな分野への進出を図った。

この際、彌太郎没後のことも触れておく。

明治一八年（一八八五）の日本郵船設立に際しては、三菱側代表として理事に就任、翌年に海運以外の事業を目的として「三菱社」が発足すると本社支配人として復帰、後に管事となり二代目彌之助社長を支えた。

明治二二年（一八八九）、荘田はイギリスの造船業界などの実情視察のために外遊したが、ある朝、現地の新聞に、「日本政府、陸軍の近代的兵舎建設のために丸の内の練兵場を売りに出すも買い手つかず」とあるのを見つけ、「丸の内、買い取るべし」との電報を彌之助に打った。それが今日三菱地所が丸の内の地主であるそもそものきっかけである。

荘田の功績には長崎造船所の改革もある。久彌三代目社長の絶大な信頼の下、長崎造船所長として勇躍長崎に赴き、積極的な設備拡充を図り貨客船や軍艦などその後の大型船建造の道を拓いた。原価計算の概念を導入するなど三菱の工業簿記を確立したのもこのころである。

なお、キリンビールの前身のジャパン・ブルワリーのビールが、古代中国の想像上の動物である「麒麟」と名付けられたのは荘田の発案による。当時欧米ではビールの商品名に動物の名前をつけることが流行していた。

彌太郎流の人材育成

さて、話を戻すと、なんといっても、従業員のほとんどが土佐藩の武士だった者たちでスタートした三菱である。ビジネスの何たるかも知らなければ必要なスキルもない人たちばかりだった。人材育成には苦労し、店頭におかめの面を置いて従業員に顧客第一の精神を喚起したことはすでに述べた。

事業の拡大に伴い、新人を採用し教育していく中で、彌太郎は、

「俗子弟と書生と一得一失なれども、俗物を養ふて之に学者の気象を得せしむるは難し。学者を慣らして其外面を俗了するは易し」

と、学卒を採用して商人道を叩き込むのが幹部社員育成の早道と悟る。福沢諭吉はこの岩崎彌太郎の話を『実業論』で紹介している。

「当時、商売社会は尚ほ混沌の時節にて、郵便汽船会社も単に廻船問屋にこそあれ、問屋の商売に学者など実に思ひも寄らぬことなりしかども、岩崎社長は自ら見る所ありしならん、広く学者社会に壮年輩を求めて之を採用し、殊に慶応義塾の学生より之に応じたる者多かりしが、例の如く書生輩の無骨殺風景なるにも拘はらず、社長は之を愛し之を馴らし其次第に事務に熟

するに従て重用の任に当たらしめ……社長の見る所、果たして違はずして、社員おのおの其技量を逞ふし、能く規律を守りて勉強怠らず、社務整然として曾て内部に波乱を生じたることなく……」

岩崎彌太郎が三菱を率いたのは明治三年（一八七〇）から一八年（一八八五）までの一五年。長崎時代を含めてもビジネスマンとしてのキャリアは二〇年に満たない。現在の大企業のサラリーマンならまだまだ中間管理職だろう。建設開始したばかりの近代日本の中で、がむしゃらに、がむしゃらに、働きずくめの日々だった。特に、明治一〇年（一八七七）の西南戦争前後の数年は、岩崎彌太郎の生涯で最も輝いていた時期だった。三菱は常に国家とともにあり、と彌太郎は理想に燃えていた。

その彌太郎、次々に事業の窓口を広げながら、必要な人材は自ら造らなければならない、人材養成は事業の一環であり国造りの一環でもある、という思いを強くしていた。

おかめの面に象徴されるオン・ザ・ジョブ・トレーニングは別にして、彌太郎の組織的な人材育成策に、船員養成の「三菱商船学校」と、ビジネス・スクール「三菱商業学校」があった。

三菱商船学校

5章の「上海航路の開設」のところで、東京日日新聞の三菱の広告を引用したが、「乗組員は熟練せる西洋人にして航海の安心、荷物の取扱之厳重なるは申に及ばず賄方等も至て清潔丁寧なり」というキャッチフレーズから自明なように、物流の根幹である海運は自国の人材不足の最たるものだった。当時は日本船籍であっても、船舶の実際のオペレーションの大事なところは、ほとんどが西洋人に頼っていた。近代国家として自立を目指す日本としては自国の船員の養成は急務だった。

『三菱社誌』をめくると、たとえば明治八年（一八七五）の時点で、三菱は一二五人の外国人船員を雇用している。この数に水夫の類いは含まない。イギリス人六一名、アメリカ人二三名、オランダ人六名、デンマーク人五名などで、給料は陸上の日本人事務員に比べ一〇倍、二〇倍というレベルだ。一六名いるマニラ人船員でも三倍はあった。

すでに述べたように、台湾出兵のときの教訓として、有事の際の徴用を前提に民族資本の海運会社を育成することが国の急務とされた。明治八年（一八七五）、「第一命令書」が三菱に発せられ、さまざまな助成と引き換えに、遂行すべき義務が課された。船員の養成もそのひとつだった。第一一条に「商船私学及び水火夫取扱所を設立し、海員教導の方法に従事すべし……」とあった。

同年一一月、この命令書に沿い、隅田川河口の永代橋畔の霊岸島に三菱商船学校が設立され、翌九年（一八七六）一月に開校した。東京商船大学（現東京海洋大学）の前身である。当初の校章は三菱のマークであるスリーダイヤに錨の組み合わせだった。

一期生は四四名。校長の中村六三郎は幕府の海軍伝習所を出て、大学南校で教えていた。教師陣には当然多くの外国人教師が招聘された。

霊岸島につながれた校舎兼練習船は三菱の「成妙丸」を帆船に改造したものだった。遠洋航海実習は他の三菱の社船で欧州まで赴いた。わが国海運の発展を考えると、この近代的商船学校設立の意義は大きい。若き日に海のかなたに憧れた彌太郎こそ入りたかった学校であろう。

ちなみに、かつて東京商船大学のホームページには沿革としてこう書かれていた。

「徳川三〇〇年の鎖国政策を廃した明治新政府は、わが国海運の確立を急務として提唱し、船舶運航技術に熟練した船員を保護育成することを計画し、当時の三菱会社に商船学校の設立を命じました。これを受けて明治八年一一月に隅田川河口の永代橋畔の霊岸島に三菱商船学校が設立されました。しかし、学校経費の負担増は教育内容にも影響を及ぼしかねないようになっため、明治一五年四月に三菱商船学校は官立に移管されて東京商船学校となりました……」

東京水産大学と合併して東京海洋大学になった現在は、創立当時の日本の海運の実態や学校設立の意義の説明はなく、「東京海洋大学は平成一五年一〇月一日、東京商船大学と東京水産大学を統合して設置された大学です……」と、組織の改編についてだけ淡々と記されている。商船学校や水産講習所（東京水産大学の前身）創立の歴史的意義は記されていない。世間の認識が足りなくなるだけでなく、学生も教官も自分たちの立ち位置を見失ってしまうのではないかと気になる。

ところで、昭和六一年（一九八六）、商船教育一一〇年にあたり記念切手が発行された。中央に大きく帆船が描かれ、両端に三菱商船学校を興した岩崎彌太郎と、鳥羽商船学校を興した近藤真琴の肖像が配されている。

三菱商業学校

典型的な人材育成施策のもうひとつは、三菱商業学校である。経済活動の最前線で即戦力になる人材を養成するために、明治一一年（一八七八）三月、神田錦町に設立した。

三菱の社員は当初土佐藩の関係者が多かったが、荘田平五郎をはじめとして福沢諭吉の門下生を採用するなど次第に門戸を広げていった。しかし、まだビジネス関連の教育機関は少なく、ほとんどの社員は英語も簿記もダメだった。海運にせよ、貿易にせよ、世界に通用する人材をオン・ザ・ジョブのみで育成するのは限度があった。

三菱商業学校の校長には、福沢の推薦で慶応義塾から森下岩楠《いわくす》を招いた。他の教員もほとんどが慶応義塾から招聘した。設立趣意書に謳う、

「大はわが国の独立を維持しわが国の致富を助け、小はわが会社の子弟をして通常商人の如くならざらしめんとす」

人材育成は息の長い投資であり、社会への恩返しでもあった。日本の海運を外国の船会社が牛耳っていたように、日本の貿易もまた横浜や神戸の外国商館が取り仕切ってきた。これを日本の会社が取って代わってはじめて日本は独立したといえる。そのためには、貿易実務に精通した多くの人材が必要だったのだ。

三菱商業学校は、予備科三年、本科二年。英語、漢学、作文、習字、算術、簿記などのほか、英語による経済学、歴史、地理、数学の授業があった。その上で一年間の専門科があり、銀行、船舶、保険、簿記法などの実地研修すなわちインターンシップがあった。学生数はざっと

一〇〇余名。彌太郎がいかに本気だったかは、慶応義塾に通っていた長男の久彌を一期生として入学させたことでもわかる。

三菱商業学校の基本的な運営費は三菱が出し、ビジネス・スクールとして時代の要請に合った教育を施して、明治一三年（一八八〇）に最初の卒業生を出した。翌年、役割を果たした森下校長は退任し、新たに慶応義塾の藤野善蔵が就任した。

この明治一四年（一八八一）、慶応義塾の向こうを張って、馬場辰猪ら三菱商業学校の教員たちにより「明治義塾」が設立され、夜間に三菱商業学校の教室を使って自由民権思想に燃える政治色の強い教育を行なうようになった。

本業の海運や関連事業に忙殺されていた彌太郎は、学校の方はもっぱら従弟の豊川良平に任せていた。その豊川が明治義塾の塾長、大石正巳が学監を務めた。

ところが、一〇月にいわゆる「明治一四年の政変」が起き、大隈重信は免職、大隈に近い人材や福沢諭吉門下の者も下野することになり、その一味と薩長に睨まれていた彌太郎は苦しい立場に置かれた。

彌太郎は訓告を社員一同に発し、

「……抑々我が社の本務たるや、専ら廻漕上の商業を営み、郵便御用物の運搬より、一般客貨運輸の便を謀り、只管《ひたすら》其本業に従事可致は勿論、徒に時事を談論する等、他事に心を移し候様事有之候ては不相成……」

と、政治から距離を置くよう指示した。

一方、薩長路線に反発する自由民権主義者たちは自由党を結成した。馬場辰猪や大石正巳や末広重恭ら明治義塾の過激な教員たちも自由党幹部に名を連ねた。世間は政治熱に浮かされ、生徒もビジネス・スクールよりも政治学校に殺到、三菱商業学校よりも明治義塾の方が多くの生徒を抱えるようになった。

三菱商業学校は庇《ひさし》を貸して母屋を取られた形となり、民権論者の巣窟的存在として薩長閥の政府から睨まれるとあってはたまらない。同じ土佐人ということもあって反薩長の観点から民権論者に寛容だった彌太郎だが、さらなる政争に巻き込まれることを嫌って、体調不良の中で、明治一七年（一八八四）、三菱商業学校は即刻廃校、校舎は売却、という断を下した。この結果、三菱のビジネス・スクールは消滅し、明治義塾は活動拠点を失い雲散霧消することになった。

翌一八年（一八八五）、三菱には関係ないが、この廃校になった校舎を利用し、明治義塾の一部の教員も参加して、二つの学校が発足した。

昼間は「東京英語学校」が使った。国粋主義的教育者・思想家である杉浦重剛らによって設立され、優秀な人材を集め第一高等学校への進学率を誇った。現在は日本学園中学校・高等学校として世田谷区に移転している。

もうひとつは夜間学校で、増島六一郎ら一八名の少壮法律家たちによって設立された「英吉利《イギリス》法律学校」である。発展して中央大学の法学部などになり、法曹界に多くの人材を供給してきた。現在は八王子市の多摩キャンパスに移転している。

雛鳳館

岩崎久彌と小彌太

商船学校、商業学校とはまったく趣きが違うが、同じ人材養成がらみで、岩崎家の学寮・雛鳳館《すうほうかん》についても述べておく。

彌太郎は一六歳年下の彌之助の教育に計画的かつ厳格だったが、嫡男である久彌の教育については、後継者としてさらに厳しく考えた。

東京に進出し、九歳の久彌を慶応義塾に入学させると、三田の下宿で生活させ、彌太郎の従弟であり義塾の卒業生でもある豊川良平に監督させた。

三年後に新設の三菱商業学校に転校させ、今度は駿河台の邸宅のかたわらに「雛鳳館」と名付けた学寮を建て、そこに同世代の生徒一五名ほどを住まわせた。三菱幹部の子弟を含む全国から選抜された者たちで、帝大生の監督下で、質実剛健で規律正しい生活をする。賄いはつくが、掃除洗濯はすべて自分。

明治一五年（一八八二）に茅町に本邸を建てて移ると、学寮もそのかたわらに移した。夜には定期的に帝大の教官や杉浦重剛など著名人による講話があった。夜の講話には外部生も参加、その数一〇〇名を数えた。寮生の進学先や卒業後の進路について三菱は関与しない。とはいえ、三菱を選ぶ者が多かったのは事実である。

彌太郎は週末にのみ久彌を本邸に迎えた。そのときは羽織袴で応対し、一週間の生活の報告を受ける。わが子といえども一定の距離を保ち、将来の当主としての自覚を促した。

彌太郎の没後、久彌は彌之助社長の指示でアメリカに五年余り留学し、理想に燃えるアメリカ人社会で教養を身につけ視野を広げて帰国したが、雛鳳館は学寮としてますます盛んで、明治四〇年（一九〇七）まで三菱や官界に多くの骨太の人材を輩出し続けた。

また、彌之助は彌之助で、後日同じように駿河台に学寮を造り、雛鳳館同様、小彌太（四代目）ら息子たちを三菱幹部の子弟や地方出身の優秀な学生と一緒に住まわせた。「自分のことは自分でする」ことを旨とし、勉学に運動に切磋琢磨させた。この方は「潜龍窟《せんりゅうくつ》」と称した。

8 後世への贈り物――東京の三庭園

飛行機も自動車も　汽車もない時代のこと、海運は超重要な交通手段であり物流の根幹だった。台湾出兵と西南戦争での軍事輸送を完璧に遂行したことにより、三菱は海運会社としての確固たる地位を、日本経済の中に築いた。そして、関連事業である炭鉱や造船あるいは物流へと進出し、日本有数の産業集団に成長して、政府としても無視できない存在になった。

権力の中枢にある伊藤博文は考えた。「天敵大隈重信を支えるのは、福沢諭吉の知恵と、岩崎彌太郎の財力だ。三菱を叩かねばならぬ……」。

政府系の新聞は執拗にキャンペーンを張った。「三菱は莫大な助成金を得ながら、金融や炭鉱などに投じて蓄財している。三菱の海運独占反対、助成撤回すべし」。

本来アンチ政府の自由党の機関紙・自由新聞までが、三菱叩きに同調し大隈の立憲改進党を叩く。「岩崎彌太郎海坊主、退治すべし」。演説会場では、大隈に擬した大熊と海坊主の人形を切り裂くパフォーマンス。自由・改進両党の足の引っ張り合いは薩長政府の思うツボだった。

そんな彌太郎だったが、丹精込めて造成し、後世に残したものがある。今日、東京に九つある都立庭園のうちの、「旧岩崎邸庭園」と「清澄庭園」と「六義園」である。

旧岩崎邸庭園は岩崎家の本邸だった。上野の山と湯島天神の間に位置し、明治の洋館と洋風庭園が美しい。二万一〇〇〇平米。

清澄庭園は岩崎家の深川別邸だった。思い切りよく大名屋敷を何軒もつぶして造成した回遊式林泉庭園。四万三〇〇〇平米。

六義園は岩崎家の駒込別邸だった。荒れ果てていた由緒ある庭園を丹精込めて修復した回遊式泉水庭園。八万七〇〇〇平米。

それらが今日も都民のいこいの場となっている。万一の際の防災緑地として都心に存在する。三井にも住友にもないのに、彌太郎関連の庭園だけが都立庭園として残っている。それは、何ゆえなのか、この章で考える。

参考までに、他の六つの都立庭園も付記しておこう。

「浜離宮恩賜庭園」。潮入りの池と二つの鴨場を持つ代表的大名庭園。徳川将軍家別邸だったものが明治維新以降、皇室の離宮になった。二五万平米。

「芝離宮恩賜公園」。老中・大久保忠朝が造り紀州徳川家のものになった屋敷だが、明治維新以降、有栖川宮家を経て皇室の離宮になった。四万三〇〇〇平米。

「向島百花園」。文化・文政期に造られた民営の花園。小倉家から東京市に寄贈される。一万平米。

「小石川後楽園」。水戸徳川家の中屋敷のち上屋敷だった。回遊式築山泉水庭園。七万平米。

「旧古河庭園」。陸奥宗光邸宅に古河虎之助が洋館と洋風庭園を造成したもの。三万平米。

「殿ケ谷戸《とのがやと》庭園」。江口定條(貴族院議員)の邸宅を昭和初期に岩崎彦彌太が取得、整備したもの。二万一〇〇〇平米。

大名の道楽――造園

初期三菱の財政的基盤を確立したのは明治一〇年（一八七七）の西南戦争の軍事輸送であることはすでに述べた。西郷軍に対する同情もあって、三菱はどさくさの中で法外な利益をあげたと叩かれた。法外かどうかは主観の問題だが、三菱のその年の当期利益は当時の東京市の年度予算を超す数字だったことは事実である。今日の東京都と比較するのはナンセンスだが、当時の三菱の総力をあげてやってのけたこの事業の収益が、大変な金額であったことは事実であろう。

彌太郎はこの利益を、鉱山事業などさまざまな分野に投資する一方で、東京や伊豆、箱根に多くの不動産を購入した。特に東京で取得した大名屋敷跡などの三カ所は大きな買い物だった。それをどうしたか。広大な日本庭園として造成、整備し、後世に残した。

これがすごい。よくある「かつて〇〇ここにありき」の石碑が一本立つだけの遺跡ではないのだ。

彌太郎は少年時代、土佐の井ノ口村の生家の庭に石を並べて、日本列島をイメージした枯山水の小さな庭を造った。それは今日も残っている。趣味というほどでもない、思いつきのただ一回の庭造りだった。

あのころは貧しかったが今は違う。巨万の富を得、欲しいものは何でも手に入る身になった。ところが、趣味らしい趣味がない。書画骨董の類いはどうもいかん。歌舞音曲も駄目だ。漢詩や詩吟だけでは無骨だと言われる。

前にも引用した『岩崎彌太郎傳』では、彌太郎が庭園について語った若き日の言葉を紹介している。

「吾は生来これといふ嗜好なけれど、常に心を泉石丘壑《がくきゆう》に寄す。これを以て憂悶を感ずる時は名庭園を見る。向島の佐竹邸の庭の如きは名苑なれども、唯人為の工《たくみ》のみにして天然の妙趣なし。ひとり加賀邸の庭園は無数の巨巌大石を配置し、老樹点綴《てんてい》して豪宕《ごうとう》の趣き深山の風致あり。若し吾に庭園を造る時あればかくの如きものに倣はんと欲す」

原典は奥宮正治編の、毛筆で書かれた『故社長事蹟資料』。岩崎家の家伝の書である『岩崎東山先生傳記』作成のベースになった資料群のひとつだ。この彌太郎の言葉は、清澄庭園や六義園の造園・整備にあたっての基本姿勢だったといえる。

「人為の工」の「向島の佐竹邸」は旧秋田藩の浩養園のことである。池を中心に、石を配し、丘を築いて浅草寺五重塔や隅田川の吾妻橋を借景とした。

「深山の風致」の「加賀邸の庭園」は加賀藩の下屋敷、板橋宿の平尾邸のことだ。二〇万坪に及ぶ広大な敷地に、千川用水を利用して池を造り、築山を造成し巨石を並べ、滝を配するという池泉回遊式大庭園だった。

造園は、「究極の道楽」と言われる。成功して巨万の富を手にした彌太郎は心置きなく究極の道楽に取り掛かった。大名と同じ道楽。まさに幸せの極み、明治の大名の気分だったろう。日本三公園の、水戸の偕楽園は九代藩主・徳川斉昭が造ったものだし、金沢の兼六園は五代藩主・前田綱紀《つなのり》の手によった。岡山の後楽園は二代藩主・池田綱政の作だ。大名なくして日本庭園なし。

茅町本邸——旧岩崎邸

西南戦争後、彌太郎がまず購入した東京の土地は、上野の不忍池にほど近い下谷茅町の、もともとは高田藩榊原家の中屋敷だったところだ。明治一一年（一八七八）だった。本郷台地の端っこの八五〇〇坪。東北から江戸に入る街道を睨む要衝の地ということで、かつて徳川家康が天下を取ったときに、北の護りも兼ねて、腹心の榊原康政に与えた。その後、明治維新のどさくさの中で、人斬り半次郎こと桐野利秋の名義になったが、西郷を追って鹿児島へ帰る際に舞鶴の旧藩主・牧野弼成《すけしげ》に譲った。

彌太郎はその旧高田藩邸を買い取り、周辺の土地も買い上げて倍近くの敷地にした。しばらくはそのまま放置していたが、やがて金に糸目をつけずに、地方から巨石や古刹の灯籠を買い込み、銘木を移植して庭を整備した。古い藩邸を取り壊して新たに大きな日本家屋を建設し、駿河台から移り住んだ。この広大な屋敷は東京の人たちには気になる存在だったらしく明治時代の小説にしばしば出てくる。ここでは森鷗外の『雁』の一節を引用しよう。

「そのころから無縁坂の南側は岩崎の邸であったが、まだ今のような巍々《ぎぎ》たる土塀で囲ってはなかった。きたない石垣が築いてあって、苔蒸した石と石との間から、歯朶《しだ》や杉菜が覗いていた。あの石垣の上あたりは平地だか、それとも小山のようにでもなっているか、岩崎の邸の中に這入って見たことのない僕は、今でも知らないが、とにかく当時は石垣の上の所に、雑木が生えたい程生えて、育ちたい程育っているのが、往来から根まで見えていて、その根に茂っている草もめったに苅られることがなかった……」

旧高田藩邸を購入したのは明治一一年（一八七八）。新築成った邸宅に移り住んだのは明治一五年（一八八二）である。しばらくはたいして手入れもされず別荘のように使われていたようである。鴎外の描写は、正確には検証しにくいが、手入れされていない屋敷であることをことさらに強調しているので、このころのことかもしれない。

この屋敷関連で、こういうエピソードがある。彌太郎の母・美和の手記『美福院手記纂要』によるのだが、明治一四年（一八八一）一月、美和は体調が悪かったので茅町邸で静養していた。花を愛でたり蚕の面倒を見たりしているうちに次第に快復していった。そこへ岩倉具視の一家が、美和の養蚕の様子を見にくることになる。「此上もなき穢き所」というのだから新築する前の旧藩邸そのままであったのだろう。

「……我身体は五十代の心持に相成り日々疲れる事を覚へず、奮発致し居り候処、段々養蚕が忙しく相成り、我働き候事自然に漏れ聞こえたるものと相見へ、我奮発の仕事を御覧に成ると申す事にて、岩倉様御嫁様を始めとして、御姫様御老人様の御方々数々御召連れに相成、此上もなき穢き所を其の儘御覧に相成ると申す事にて、彌太郎大いに喜び、丁寧に御馳走致し、夫より庭廻りを御歩きに相成り、我らも其御供致し、其時は誠に子の御蔭にて、岩倉様に手を引かれ築山を歩き廻りし時は、誠に冥加に余りし事と存候……」

岩倉具視に手を引かれて築山を歩いたことは「冥加に余りし事」と感激している。美和は文化一一年（一八一四）の生まれだから、このとき六七歳。岩倉具視は文政八年（一八二五）の生まれだから五六歳。岩倉が美和の手を引くなんて、なんともほほえましい光景ではないか。

それはさておき、この後、高田藩邸だった古い建物は取り壊され新しく日本家屋が建築された。どのような建物だったのか記録は残ってないが、彌太郎の郡方下役時代の同僚・尾崎忠治（後に男爵、枢密顧問官）が訪ねてきて「庭はなかなかのものだが、もう少し立派な家作を持ってもよい身分ではないか」と言ったという話があるので、たいした建物ではなかったようだ。「もう少し立派な家作」という意味は、「もう少し品格のある」「もう少し高尚な趣味の」というような意味であったであろう。

その家に彌太郎は三年住んで、明治一八年（一八八五）に五〇年の生涯を終えた。臨終を迎えた邸宅は、現在の「旧岩崎邸」の芝庭の真ん中あたりに位置していた。

今日ある岩崎邸の洋館は、その邸宅の北側に長男の久彌が建てたもの。明治二九年（一八九六）、ジョサイア・コンドルの設計になる。主として接客に使われた。併行して大工・大河喜十郎によって西側に和館が造られ、六義園の別邸に仮住まいしていた久彌夫妻が移り住んだ。一部しか現存しないが大広間の床の間や襖には、劣化が激しいが橋本雅邦の筆によるといわれる絵がある。

この邸宅は、洋館和館合わせて「茅町本邸」と呼ばれた。三菱の三代目総帥の本拠である。

時代は下るが、おじいさんっ子で、本邸を駆け回っていた岩崎寛彌氏は、タウン誌『うえの』（平成九年一一月号）にこう綴っている。

「……あの屋敷は、少年時代の私にとり、まことに恵まれた世界でした。昭和初期の十年ほどです。私は、裏の龍岡町（現湯島四丁目）の生まれです。遊びたくなると『茅町へ行ってきます』と言って、走って出ました。……祖父母の住み家で、大勢の人々が働いておりました。……欅《けやき》の高木が立ち並んでおります。祖母が嫁入りしたときに植えたそうです。夏の宵闇に、よく梟《ふくろう》が鳴いていました。塀も、欅も、百年以上になりますが、いまでは、崩れ、哀れにも、無縁坂のところは、赤い煉瓦の内臓を露呈し、木々も老いつつあります。……ここには、なにかしら、人々の霊が潜んでいるような感じがします。私の感覚は、その気配に反応しますが、或る意味では、そのことが、つまり、霊的な雰囲気が、湯島の空間の、見えざる重しになっているのではないでしょうか」

しかし、邸宅は終戦後GHQに接収され、三菱本社は解散させられた。その上、戦時所得の没収ということで重い財産税が課されて、茅町本邸は岩崎家の手を離れた。ピーク時一万五〇〇〇坪あった敷地は、税収不足の日本政府によって切り売りされ、往時の三分の一になってしまった。現在は洋館の大半と和館の一部が修復され、屋敷全体が国の重要文化財に指定されている。

深川別邸——清澄庭園

東京に買った二つ目の土地は深川の清澄。久世大和守、松平美濃守、松平出羽守などの屋敷、ざっと三万坪。一部はかつて紀伊国屋文左衛門の屋敷跡だった。主要部は久世大和守の下屋敷で、維新後荒廃していた屋敷をつぶして和風庭園に改造する。回遊式林泉庭園。久世大和守の前は豪商の屋敷だっただけに敷地は広大だ。

彌太郎は可能な限りの薀蓄《うんちく》を傾けて設計に首を突っ込み、隅田川から水を引いていわゆる汐入りの庭とした。三菱の船を利用して全国から集めた名石・名木を大きな池に配置し、汐の干満で風情が刻々と変わるようにした。彌太郎は仕事を抜け出してきては造園の陣頭指揮を執り、明治一三年（一八八〇）に完成させた。

岩崎家の誰かが移り住んだということはなく、岩崎家の「深川別邸」と呼ばれた。正式には「深川親睦園」と命名され、もっぱら賓客の接待と社員の親睦の場に用いられた。当時は、接待といえば新橋や柳橋の料亭で芸者をあげての大盤振る舞いが普通で、特に彌太郎はそれを得意としていたが、世界に飛躍しようとの野心を抱いていただけに、欧米流のパーティーをイメージしたのだろう。

彌太郎は何かというと幹部社員に、

「酒は大いに飲むべし。酔うべからず。酒に酔い乱に及ぶ弱卒は用いるに足らず」

と言っていたという。酒は人と人が親しくなるため、心を開き合うために飲むもの。それは洋の東西を問わない。長崎時代以来の信念でもある。彌太郎の飲みっぷりは一見はちゃめちゃだったかもしれないが、我を忘れることはなかった。

だが、心配なのは三菱の社員には土佐の人間が圧倒的に多いことだった。底抜けの酒飲み集団である。酒に呑まれる者もいる。彌太郎は深川親睦園開園にあたり、パーティーの心得を社員に示した。「公会式目」という。今日でも十分に通用する内容だ（『三菱社誌』収録）。

親睦園公会式目

一、毎年春秋の両季を以て酒を親睦園に置き、社員を会するものは平生の労を慰し、同社の親睦を結ばしめんと欲するなり。互いに礼譲を守り、努めて和楽を主とし、人に敬を失する勿れ、自ら咎を招く勿れ。

一、酒を置くは歓を尽くすに止まり、もっぱら倹素を要す。二汁五菜に過ぐべからず。

一、歌妓を召すは酒を行からしむるに止まる。猥褻《わいせつ》の具となす勿れ。放歌狂吟、人の歓を破る勿れ。

一、飲酒は量りなし。各其量を尽すを以て度となし、人に酒を強ゆる勿れ。乱に及ぶ勿れ。

一、集散は時を以てし、時に後れて会し、時に後れて散ずる勿れ。

ここは土佐ではないし、時代も明治。近代国家なのだ。他人の顰蹙《ひんしゆく》を買うような宴会であってはならない。

深川親睦園が完成すると、管事の石川七財から全社員に「参集いたすべし」との通達が出された。単身で参加する者と、妻帯同の者とを別の日にしている。

「社員平生の労を慰せんが為め、明三日並に来る五日の両日深川親睦園に於て親睦会御催相成候に付、社員等内外を論ぜず無妻の者及有妻にして其妻病気等の者は明三日、有妻にして之を携へ得らるへき者は来る五日何れも正午十二時より同所へ参集可致旨社長の命に候間其係々中へご通達相成度候也」

破竹の勢いの三菱、明治一三年（一八八〇）の四月に行なわれたオープニング・パーティーが盛り上がらないわけがなかった。案の上、土佐の呑ん兵衛たちは尋常では収まらなかったようである。公会式目違反により、翌日即断即決で四人が解雇。いやはや。今日では考えられないことだ。次のような社内文書が残っている。当時は給料の額を身分に併記した。

昨三日親睦園公会の節、猥《みだ》りに酒を過し人事を亡失し礼儀を乱し社員一般の風儀に関し不都合の至りに付退社申付候

東京店雑掌月給八円　金子某

神戸支店雑掌月給拾参円　菅某
東京店事務月給拾七円五拾銭　佐藤某
東京店雑掌月給拾参円　西尾某

深川親睦園は、欧化主義の象徴ともいえる鹿鳴館に先んじること三年、日本的な宴会から脱皮しようとしたが、土佐の「文化」は一朝一夕には変わらなかったというわけだ。

その後、深川親睦園には、鹿鳴館を設計したジョサイア・コンドルの設計で洋館も建設され、長く三菱の迎賓館として活用されたが、関東大震災で焼失した。

大正一二年（一九二三）の関東大震災では、一〇万人以上の市民が亡くなった。特に陸軍被服廠跡地では四万四〇〇〇人の人が命を失った。一方、三菱の深川親睦園に避難した約一万人の人たちのほとんどが助かった。

翌年、東京市が防災緑地の確保を検討しはじめると、久彌は率先して東半分約一万六〇〇〇坪の寄付を東京市に申し出た。それが、現在も都立清澄庭園として都民のいこいの場になっている所以である。

駒込別邸——六義園

東京の三つ目の庭園は駒込の六義園だ。もともとは五代将軍・綱吉の側近、柳沢吉保の下屋敷だった。三万余坪の回遊式築山泉水庭園である。

紀州和歌の浦の景勝をイメージして、池を掘り山を築き流れを造って、万葉集や古今集の世界を再現した。将軍・綱吉の生母、桂昌院を接待することにも活用されたといわれている。そのころ完成した千川水道が潤沢な水を供給し池に興を添えた。水道は江戸時代中期以降しばしば不通になり、その際は池の水は湧水と雨水に頼らざるを得なかった。幕末のころには水道は完全に廃れてしまい、六義園も荒れるに任されていた。

彌太郎が購入したのは六義園だけではなかった。周辺の土地を何年もかけて前田家、安藤家、藤堂家などから購入し、あるいは熱海の土地と引き換えに皇室から与えられた土地もある。総面積は一二万坪に及ぶ駒込から巣鴨に至る一帯。現在はJR山手線が中央を横断しているが当時は地続きだった。取得した土地を何に使うつもりかとの川田小一郎の問いに、彌太郎は「巣鴨から板橋まで買い上げて、いずれ何か国家の必要とすることに使おうじゃないか」と答えたという。

彌太郎は六義園の修復に取り掛かり、清澄庭園同様、金に糸目をつけず造成工事を行ない、全国から巨石、銘木を取り寄せた。彌太郎が明治一三年（一八八〇）に千川水道を復興し、巣鴨に貯水池を造り城北一帯に給水したことは前章に述べた通りだが、この水道を利用して柳沢吉保時代の庭園を復活させ、大きな池に満々たる水をたたえたときの得意満面の彌太郎が見えるようだ。贅沢の極み。風雅の極致。

六義園の徹底的な修復は、彌太郎の代だけでは終わらなかった。彌之助も造園の趣味に目覚め、彌太郎に代わって作業現場に赴き、口を挟んだ。房総から移植した樹木は数万本を数え、四阿《あずまや》も建てた。彌太郎の抱いたイメージに彌之助の描いたイメージを重ねて、工事は断続的に何年も何年も続けられた。

再興成った六義園は、岩崎家の「駒込別邸」とも言われ、四季折々に岩崎家ゆかりの人や賓客を招いてのガーデン・パーティーが催された。社員の懇親会にも使われたが清澄庭園よりプライベートな使われ方をした。彌太郎の長男・久彌は、結婚した明治二七年（一八九四）から茅町の本邸が完成するまでの二年間、ここで新婚生活を送った。

久彌のペンシルヴァニア大学時代の友人で、二人でヨーロッパ旅行もしたことのあるロイド・グリスコムは明治三六年（一九〇三）六月から駐日全権公使を務めたが、その期間、久彌夫人は毎月日米の上流夫人を茅町本邸に招いてティー・パーティーを催し、四季折々に六義園で園遊会を催している。ちなみに、久彌夫人の案内状の英語の下書きをあの津田梅子女史が添削したものが岩崎家に残されており、グリスコム夫人から来た礼状などとともに、三菱史料館に保管されている。

また、明治三八年（一九〇五）には、彌之助と久彌が、東郷平八郎連合艦隊司令長官以下海軍の将兵一万三〇〇〇人を二日間にわたって六義園に招いて華やかに祝賀会「日露戦争凱旋艦隊将卒招待園遊会」を開催し世間を大いに賑わした。これには離任直前のグリスコム夫妻も出席して会の盛り上げに一役買っている。公使夫妻はなんといっても講和条約調印の労を執ったセオドア・ルーズベルト大統領の代理人なのだ。

この駒込から巣鴨に至る地域に取得した土地は、六義園以外はほとんど山林や畑だったが、大正一一年（一九二二）ごろから、東京市の宅地需要に応じることにした。現在の駒込から巣鴨にかけての一帯である。ヨーロッパの都市計画を手本にした、六義園を抱き込むような形のエリア。自動車時代が来ることを見越した七間道路と四間道路を縦横に通し、碁盤目状の計画都市「大和郷《やまとむら》」が造成された。郵便局、クラブハウス、交番、売店、さらには幼稚園まで計画的に配置、富豪や文化人、三菱関係者に分譲された。大和郷の隣接するエリアの宅地化も進み、その結果、昭和一〇年（一九三五）過ぎには、六義園は住宅街の真っ只中にあることになってしまった。

昭和一三年（一九三八）になって、ある日、久彌は誰にも相談せずに、「東京市民のいこいの場にしてほしい」と、三万余坪の六義園を何の見返りもなく東京市に寄付することを申し出る。岩崎家で独占しているのは心苦しいというのが理由だった。財閥批判をかわすという深謀遠慮もあったであろうが、久彌でなければできない英断だった。

六義園は東京市によって大切に維持管理され、現在も春夏秋冬それぞれに味わいがあり、特に春は満開のしだれ桜が人々を誘い、夜桜のテレビ中継が毎年ある。

社会への還元

この章の最初に、かつて彌太郎が自分の唯一の趣味として造園をあげ、向島の佐竹邸と板橋の加賀邸を代表例に出して論じていたことを述べたが、それらはその後どうなったのか言及しておく。

結論からいえば、どちらも庭園だったのは明治の中ごろまでで、発展する東京に呑み込まれてしまった。東京の大名庭園や富豪の大邸宅のお決まりのコースである。

向島の秋田藩の佐竹邸は、一時「浩養園・佐竹の庭」として市民に開放されたりしたが、明治三三年（一九〇〇）には札幌麦酒の工場が建てられ、大正一二年（一九二三）の関東大震災であたりは一変、現在は墨田区役所やアサヒビールの本社ビルなどが建っている。「都市として発展した」わけである。

一方、板橋の加賀藩の下屋敷の広大な庭園は、維新後陸軍のものとなり、明治九年（一八七六）に火薬製造所が建てられ日本最初の西洋式黒色火薬を生産、終戦まで陸軍第二造兵廠板橋工場としてフル稼働していた。戦後は日本窒素系の基礎化学研究施設である野口研究所のほか、工場、学校、宅地などになり、これまた都市として発展してしまった。今日、加賀公園の小さな築山だけが藩邸時代の面影を残している。

この二つの例に限らず、かつては、大名や大富豪が、競って大きな邸宅を建て庭園を愛でたが、ほとんどは後継者により工場や宅地やビルに転用されてしまった。言い換えれば、風雅よりも経済が優先されてしまったのだ。発展途上国・日本における当然の経済原則だったとはいえ、文化的には大変に残念なことである。

しかし岩崎家の場合は違った。彌太郎の関わった清澄庭園と六義園、それに旧岩崎邸庭園は、都立庭園として今も健在だ。経済合理性の渦に巻き込まなかった。ここがすごいところだ。東京という大都会に呑み込まれず、むしろその中にあって庭園として異彩を放つ。貴重な緑を残し、都民のいこいの場として、あるいは防災緑地として、その存在は大きい。

そもそも彌太郎は世の「ど顰蹙」を買いながら巨万の富を貯え、東京に巨大な土地を入手し、日本庭園を造成した。それらを独占的に引き継いだのは長男の久彌である。

久彌は、五年余りアメリカに留学し当時の理想に燃えるキリスト教社会で「ノーブレス・オブリージュ（富める者の社会的義務）」を、当然のこととして受け入れる大きな心を培って帰国した。父の資産を相続した久彌は、明治二七年（一八九四）には叔父の彌之助から三菱を引き継いで三菱の総帥となった。そして、二〇年かけて三菱をさらに発展させ、大正五年（一九一六）に彌之助の長男・小彌太にバトン・タッチしたのだが、親の苦労を知ってか知らないでか、現役時代も、第一線を退いてからも、教育に、文化に、福祉に、病院にと、岩崎家の資産の「社会への還元」を積極的に実行した。なかでも、駒込に設立された東洋文庫は今日一〇〇万冊に及ぶ蔵書を所蔵、世界屈指の東洋学研究センターになっている。

すでに述べたように、関東大震災の翌年には、父・彌太郎の思いの籠もった深川の清澄庭園を、防災緑地として東京市に無償で提供し、さらに昭和に入ってからは、駒込の六義園を市民のいこいの場にと東京市に寄付してしまう。現在価値にしたら数百億円の話であろうが、桁違いの金持ちである。久彌の一存であっさり実行してしまった。

だからこそ、彌太郎の造成した庭園は大都会の真っ只中にオアシスとして残った。そうでなければ、お決まりのコースで、経済的な魅力のゆえに、あるいは相続税に耐えかねて、広大な庭園は工場やビル群になってしまっただろう。

久彌は淡々としたものだったが、大変な決断であり、大変な親孝行だったのだ。岩崎家は彌太郎・久彌という親子が、パッケージで富める者の社会的義務を果たした。

かくして、清澄庭園や六義園や旧岩崎邸庭園は、今日も東京の「ど真ん中」に存在し、（今後よほど愚かな政治家が出ない限り）一〇〇年後にも二〇〇年後にも、この忙しい日本の首都・東京に、人々のいこいの場、万一の場合の安全の砦として、存在し続けるだろう。かつてこの岩崎本邸の敷地を台東区のゴミ焼却場に転用しようという議論があったが、あんな議論は二度とあってほしくない。

彌太郎の後世への贈り物。この三菱創業者親子の、経済原則を超越した、独裁経営者ならではの偉業は、もっと意識され、もっと評価されてよい。

9　共同運輸との死闘

話を元に戻そう。明治一〇年（一八七七）末の三菱の所有船舶は六一隻、計三万五〇〇〇トン余り、従業員は二〇〇〇人超だった。圧倒的シェアで、まさに一人勝ちの状況だった。それは同時に、三菱への批判が激しさを増すことを意味した。

明治一一年（一八七八）に大久保利通が暗殺されたのが、出る杭が打たれる前兆だった。三年後、北海道の官有物の払い下げが不明朗だとして大隈重信に舌鋒鋭く迫られた伊藤博文は、払い下げ承認を撤回するとともに一〇年後の国会開設を確約したが、引き換えに大隈を参議の職から引きずり落とすことに成功した。これにより、薩長藩閥なかんずく長州の、完璧なまでの支配体制が確立した。「明治一四年の政変」である。

わかりやすいので、あえて初代から一八代まで、すなわち議会制度初期の内閣総理大臣の出身藩を記すと、明治一八年（一八八五）の伊藤博文から三〇年余り、長州、薩摩、長州、薩摩、長州、薩摩、長州、薩摩、長州、長州、長州、（公卿）、長州、（公卿）、長州、薩摩、肥前、長州の順だった。ようやく大正七年（一九一八）になって本格的政党内閣である第一九代の原敬（岩手県出身）内閣が成立して、やっと薩長の縛りが解けるのである。

三菱の独走、許すまじ

明治一四年（一八八一）、彌太郎は自戒を込めて政治不関与の通達を社内に回したが、遅かりしの感があった。強い民族資本の育成と自由競争の原則という両立しにくい方針を持つ政府は、明治一五年（一八八二）二月付で「第三命令書」を出し、三菱の保護育成策を大幅に後退させた。その一方で、品川弥二郎農商務大輔が井上馨参議の意を体して、三菱に対抗し得る海運会社を作る動きを本格化させた。渋沢栄一がオルガナイザーとなり、三井を中核に、東京風帆船会社など全国の中小海運業者に呼びかけ、オール・ジャパンのアンチ三菱連合の結成を目指した。

三菱は彌之助の名で意見書を提出し、「日本は運航区域も狭く産業もまだ発展していないため海運会社の営業基盤は脆弱である。それゆえに、海運会社を新たに設立し競争させることは海運の衰微を来たし国家の損失を招くことになる」旨の主張をした。

これを政府系の自由新聞が、「三菱はみだりに政府を批判する不穏分子」と糾弾したことをきっかけに、各紙蜂の巣をつついたような騒ぎになる。共同運輸設立賛成派は、自由新聞のほか、明治日報、中外物価新報など。反対派は郵便報知新聞、東京横浜毎日新聞など。当時のほとんどの新聞は政党の機関紙的な存在だった。政治不関与のはずの三菱も、否応なしに政府対野党の争いに巻き込まれていった。

共同運輸との死闘

明治一五年（一八八二）七月、渋沢らの努力が実り、共同運輸会社が設立された。政府は命令書を出し、三菱に代わる助成対象とする。発足時の資本金は六〇〇万円で、うち二六〇万円すなわち四三％を政府が出資したのだから、民間会社というより政府機関に近い。「有事における軍事供用」が助成の大義名分だが、現実にすることは平時の旅客輸送。それも三菱の路線に対する挑戦である。

七月二六日付の命令書の第一条には「戦時非常に際し供用するに足るべき汽船及び帆船を……交付すべし」と謳い、第三条にはいつでも海軍が徴用できることとし、社長人事も政府の認可が必要としている。実際、社長には海軍少将、副社長には海軍大佐が任命された。

翌一六年（一八八三）一月、共同運輸は汽船五隻、帆船二二隻で営業を開始。迎え撃つは郵便汽船三菱会社。巨大な商権をかけて、三菱と共同はまたたく間にダンピング合戦の泥沼に突入する。

当初は三菱優位に展開したが、所有船舶が増強された共同に次第に食われ、三菱の貨物運賃総収入は、明治一五年（一八八二）に三九八万円だったものが、一六年（一八八三）は三〇三万円、一七年（一八八四）は二二九万円とじり貧状態となった。

彌太郎は敢然として、かつて政府から供与された船舶の代金を繰り上げ返済し、私企業としての自由を確保する。不採算路線である香港・琉球路線の廃止、経費節減・人員削減と大幅リストラを断行。旅客運賃は二〇～三〇％オフ。団体割引は現場の判断で臨機応変に。貨物に至っては三割引き、四割引きは当たり前。当時の新聞には、

「共同に、タダで乗せろ、嫌なら三菱に行くぞ、と言うとタダになった」

「三菱の方はタダの上に景品まで出すそうだ」

といったマユツバものの記事が出ている。

明治一六年（一八八三）から一七年（一八八四）というと、不平等条約改正に政府が躍起に

なっていたころである。「交渉の成否は日本の西洋化にあり」と、鹿鳴館で夜な夜な内外の紳士淑女を招いての舞踏会やバザーが開催されていた。

三菱がほぼ独占していた海運業界に共同運輸を興したということは、政府の力でむりやり競争状態を作ったことだったが、三菱にとっては長州閥の理不尽な攻撃でしかなかった。

自由競争とはほど遠い過激で無益な競争が続いた。「このままでは共倒れだ」との危機感を持った農商務省は三菱・共同両社の幹部を呼び、運賃、出航時刻、代理店、乗組員等に関する三〇カ条の協定を結ばせたが、過熱した競争に今さら水をかけても死闘の現場の雰囲気はそう簡単に変わるものではない。協定はまたたく間に反故同然。

それどころか、抜け駆けしたのしないのと、ますますエキサイト。両社の船が煙突を真っ赤に焼きながら抜きつ抜かれつを演じ、ついには衝突事故まで起こす。

思うようにいかない西郷従道農商務卿が「三菱は国賊同然」と言ったと報道されると、彌太郎は烈火の如く怒った。

「わしを国賊とはよくぞ言ってくれた。三菱所有の船舶は全部遠州灘に集めて焼き払ってくれよう。わしの資産はすべて自由党にくれてやろう。そうすれ早晩政府はぶっつぶれるだろうが……」

どこからどこまでが事実やらわからないが、とにかく、当時の新聞には、この種の話が面白おかしくふんだんに書かれている。

三菱・共同の不毛の戦いは二年以上続いた。三菱も苦しかったが、共同はもっと苦しかった。この闘いはハナの差で三菱の方が優勢だったといえそうだが、その理由の第一は社長・彌太郎の「専制主義」による指示命令が明確であったこと、第二は各船各航路別の損益管理体制がまがりなりにも確立していたことだといわれる。評論家の山路愛山はその著『岩崎彌太郎』の中で、三菱の独占を非難する一方、次のように述べている。

「……共同運輸会社は主将もなく、本営もなく、烏合の衆であった。彼等の頼む所は唯だ政府の恩顧であった。三菱会社には中心がある。……三菱会社と共同運輸会社の競争は実業界に於ける専制主義の勝利を示すものである」

胃癌との戦い

熱海伊豆山にあるホテル「ニューさがみや」。今は近代的なホテルになっているが、元は江戸時代から続いた老舗旅館「相模屋」。岩崎彌太郎が好んで滞在した。明治一七年（一八八四）

九月に、食欲不振で転地療養を勧められたときも迷わずここを選んだ。やはり、山があり海があるというのがいい。

東海道線はあったがまだ湘南電車のない時代である。彌太郎は東京から相模屋の沖合いまで三菱の船で来て、艀に乗り換えて上陸した。滞在中は会社から毎日使いが来る。昼食後、海岸を散歩しながら、会社の船が来るのを楽しみにした。以前なら、それで結構気分は良くなった。しかし、今回は違った。胃は痛み、食欲は落ちて、体に力が入らない。立っているのがつらい。共同運輸とのダンピング合戦はいよいよ激しさを増していた。すべては郵便汽船三菱会社が強大になり過ぎたがゆえのことだった。だが海運は三菱の原点、三菱の生命線だ。寄せ集め集団の共同運輸如きにかき回されるのはプライドが許さない。

久彌が建てた茅町本邸（現旧岩崎邸庭園）

彌太郎は一カ月ほどで伊豆山の海辺での療養を打ち切り、駒込の六義園にある別邸に移った。元気なころ、自ら陣頭に立って修復したひときわ思い入れのある庭園だ。緑に囲まれた広大なこの駒込別邸は静養には適している。気分の良いときは、椅子を駕籠《かご》のようにしつらえて人に担がせ、中央の池を回ったりした。

一〇月末には胃が食物を受け付けなくなり、今度は茅町の本邸に移った。その方が広くて治療しやすい。帝大病院のドイツ人医師たちが、彌太郎の臥す大広間に最新の医療機器を持ち込んだ。本人にはあくまでも胃カタルということにしていたが、末期の胃癌だった。胃に管を入れて胃液を汲み出すときは、さすがの彌太郎も呻くばかりだったが、反骨精神はいささかも衰えない。

強靭な体である。一進一退を繰り返しながら、彌太郎はしぶとくこの世に踏み止まる。共同運輸とのビジネス戦争はますます熾烈となり、世間の雑音も激しくなる。それを逐一報告しないと彌太郎は怒る。体を振り絞って怒る。かたわらに控える社員はほとんど一時間おきに会社からの報告を伝え、会社への指示を受けた。

母の美和や妻の喜勢、姉の琴は文字通り寝食を忘れて介護にあたり、祈祷師を招いてお祓いをし、手分けして、あっちの神社、こっちのお寺に平癒祈願をした。

彌太郎の病状は日に日に悪くなっていくが持ちこたえ、年を越した。まだまだ意気軒昂で、口からゴム管を差し込み胃液を汲み出すときも、さんざん呻いた末に、

「長崎時代に五島で台風に遭って吐いたときよりも苦しかったわい」

と言ったかと思うと、

「医者たちがドイツ語でしゃべるのはけしからん。通訳をつけて逐一わしにわかるようにし

ろ！」
と怒鳴る。

彌太郎の最期

さしもの彌太郎も避けられないときが近づいた。そのときのことは母の美和の手記と豊川良平の『臨終の記』と題する記録で先に紹介したが、まとめればこうだった。

その日、明治一八年（一八八五）二月七日の午後、死期を悟った彌太郎は、関係者一同が見守る中で、息も絶え絶えに、しかしはっきりと言った。

「わしも東洋の男子と生まれ、十分の一か二もできずに、今、病で果てるのは痛恨の極み……。未練ではないが、今一度盛り返したかった……」

枕元ににじり寄った彌之助に、命が尽きる直前まで意識のはっきりしていた彌太郎は、自分亡き後の体制について指示した。

「彌之助よ、そもそも岩崎家は嫡統を尊ぶ家なれば……久彌を嫡統としてしっかり補佐してくれ。小早川隆景が毛利輝元を補佐したようにだ。頼んだぞ……。彌之助、川田よ、……わしの志を継ぎ、わしの事業を盛り立ててくれ……」

彌之助は大きな声で誓った。

「兄上、私に命ある限り、粉骨砕身努力します。どうぞ、ご安心ください」

さらに、この期に及んで彌太郎が口にしたのが、部下のことだった。

「わしは恩義を大切にしてきた。不人情は嫌いだ。わしについてきた大切な部下たちは生涯面倒見てやれ。頼む……」

そして、人払いをした後、「腹が裂けるように痛い……もう、何も言わぬ……」とだけ言って、人生最後の眠りに落ちた。

最後の眠りの中で、彌太郎の脳裏を多くの思い出が走馬灯のようによぎったことだろう。吉田東洋、後藤象二郎、ジョン万次郎、坂本龍馬、トーマス・グラバー、ジョン・ウォルシュ、板垣退助、林有造、前島密、大久保利通、大隈重信、福沢諭吉、伊藤博文、井上馨、西郷従道、渋沢栄一、松方正義……。さまざまな人との出会い。波瀾万丈の、密度の濃い人生だった。人間五十年。前向き一辺倒だった彌太郎にとって「五十年」はあまりにも短い時間だった。

岩崎彌太郎が逝ったのは、明治一八年（一八八五）の、如月は七日の夕刻、六時三〇分だった。三菱では全社員に対し、ただちに次のように通達が出された。

社長御中かねてよりご不快のところ、御養生御叶うことなく、今七日午後六時半ご卒去なされ候間、この段御報道仕り候。以上。ただし、商業の儀は平日の通り御取扱いなさるべく、かつ追ってご通達に及び候まで、すべて半旗の弔礼ご執行なさるべく候こと。

庶務課長心得　二橋元長

社長の訃報に各支社の支配人等管理職にある者はすぐにでも弔問に訪れ葬儀にも出席しようと考えるであろうことから、任地を離れないよう指示が出された。

『岩崎東山先生傳記』には「御葬送のため出京の儀申し出の諸君もあり、御衷哀御祭し申し上げ候えども、事業に対し忍ぶべからざるを忍び、態《わざ》と御差し止め申し上げ候に御座候。……諸君悲傷のため苟も事業の進歩に停滞を来す様の事これあり候ては決して社長の思召しに之あるまじく候に付、一層社員を鼓舞し、いよいよ事業を進長し社長の御神霊を慰め奉りたく存じ候……」と記されている。

彌太郎の葬儀

彌太郎の葬儀は二月一三日、茅町の本邸において神式によって行なわれた。明治天皇は儀仗兵《ぎじょうへい》一個中隊を差し向けられ、政財界の要人がこぞって参列した。旧土佐藩関係者が多かったが、一般会葬者は三万人を数えた。午後、騎馬警官、儀仗兵を葬列の先頭に、棺は本邸を出発した。切通坂《きりどおしざか》を登り、本郷三丁目で右折、駒込富士前町を経て染井の岩崎家の墓所までの、ざっと五キロの道。先頭が染井に達してもしんがりはまだ本邸を出られないでいたという。

二月一四日の東京日日新聞は絵入りで、「さすが三菱大御所の葬式……料理や菓子六万人分を用意」との見出しで次のように報じている。

「三菱会社長従五位勲四等故岩崎彌太郎君の遺骸は昨十三日に染井の墓地に葬られたり。爰《ここ》に此の葬儀の大概を記さんに、当日午後一時を過ぐる頃……伶人数名は簫笛《しょうのふえ》の役々を定めて路すがら奏したる楽は何とも知らねども音色悲しく聞こえたり……生花は寒風を侵して開く白梅に、室に咲かせた桃の花、造り花は牡丹芍薬杜若、四季の眺を夫れ夫れに装ひなして目も綾には見えたるも、物悲しきものに云ふ狂花よりも猶悲しくて哀れはかなしとみられたり……」

日本郵船の発足

彌太郎の没後、三菱はどうしたか。三菱と共同の戦いの、その後について述べておこう。

明治一八年（一八八五）に兄・彌太郎が没すると、すかさず弟の彌之助が三菱を引き継いだ。彌之助は、「いやしくも海運の事業に属する儀は亡兄の宿志を継ぎ……あくまで不撓不屈、奮励の決心にこれあり候……」と一歩も引かぬ姿勢を内外にアピールした。

しかし、智将・彌之助の狙いは別のところにあった。

延々と続く不毛の戦い、三菱と共同は共倒れ寸前だった。双方、経営破綻は時間の問題。自由競争とはいえ、日本政府としては万が一にもいずれかが倒産し海運が混乱するようなことがあっては困る。国の根幹に関わるからだ。

ここまでこじれては共存共栄は無理。政府主導で両社を合併させるしかない。政府は収拾を図ろうとあれこれ案を出すが、具体的条件に関して三菱は粘りに粘り、一カ月、二カ月、三カ月と経っていく。

最後は、アンチ三菱急先鋒の品川弥二郎農商務大輔を蚊帳の外にして、川田小一郎と井上馨参議のサシの会談でようやく話はまとまり、伊藤博文、松方正義ら実力者の同意も得られた。

それにより、共同運輸の経営陣は軍人から文官に交代することになった。社長の伊藤雋吉《としよし》少将と副社長の遠武《とおたけ》秀行大佐は海軍に戻り、代わって社長に森岡昌純兵庫県令が農商務少輔に任命されてなり、副社長に農商務省の権少書記官・加藤正義がなった。

合併比率は共同六に対して三菱五とされ、新会社の社名は「日本郵船」とすることになった。合意に基づき、八月一日、郵便汽船三菱会社の社長・岩崎彌之助は、日本の海運業のためとする大局観に立った合併受諾の書簡を西郷従道農商務卿宛に提出した。

「……就いては政府において海運今日の困厄を救済あらせられ、此の事業を御拡張遊ばされるべき公平の御趣意をもって、両社合併の御廟議御決定相成り候上は、たとひ三菱の旗号は倒れ、内外人に対する名誉上実に忍ぶべからざるの事情これあるとも、国家の大計と公儀の如何によりては、彌之助等此の事業に従事すると否とを論ぜず、勉めて政府の御趣意を貫徹せしめ候仕るべく、頑陋《がんろう》執拗、私心を主張し以て我国海運の全体をして瓦解に至らしめ候様の儀は仕る間敷候……」

一方、共同運輸の臨時株主総会が開催され、三菱との合併が決議された。

かくして、明治一八年（一八八五）九月、新会社「日本郵船会社」が発足、社長には共同の森岡昌純が就任した。一〇月一日をもって営業開始。今日も使用されている日本郵船の社旗「二引《にびき》の旗」はこのとき制定された。共同と三菱を表わす「白地に二本の赤い筋」。世界に通用する船旗だ。煙突のデザインも二引だ。

郵便汽船三菱会社は前日の九月三〇日をもって解散、海運に関する資産すべては日本郵船に譲渡された。職員五〇〇名余、船員一〇〇〇名余も日本郵船に移った。

「三菱、ついに破れたり……」

新社名から「三菱」の名が消えたことで、世間はそう理解した。

彌太郎の夢の実現

ところがどっこい。ここが智将・彌之助の彌之助たるところだった。

共同は政府主導の会社であるとともに、三井だけでなく全国の中小の廻船業者などをむりやり巻き込んだオール・ジャパンの会社だった。このため、赤字続きに嫌気がさしてひそかに株を売ろうとする株主が増えていた。彌太郎が徹底抗戦の采配を振っているとき、さらには彌太郎没後の合併条件の鞘当てが水面下で続いているときも、彌之助は共同の株をしっかり買い受けていたのだ。

それゆえに、二社合併して日本郵船として発足してみれば、何のことはない、株主の過半数は三菱だった。「名を捨て実を取る」という、実業人としての彌太郎の長崎以来の手法を、彌之助はしっかり継承していた。

共同六に対して三菱五という合併比率にし、新会社・日本郵船の社長に共同運輸の社長が就任したことで、政府のメンツは立った。荘田平五郎ほか三菱勢は理事以下に抑え込んだ。政府としてはそれで十分だった。

実際、井上馨は諸般の状況から「海運は三菱に任せるしかない」とどこかで腹をくくったはずだが、それがどの時点だったかは残念ながら不明だ。ともかくも、日本最大の海運会社・日本郵船は、しっかり三菱の傘の下に入っていた。

彌之助は、間違いなく、三菱の名を捨て日本郵船という実を取った。日本郵船の二代目以降の社長には吉川泰二郎や近藤廉平ら三菱出身者が就任する。

メイン・ビジネスの海運を切り離し、表面的には弱体化するかに見えた三菱だったが、日本郵船という別動隊に海運を取り仕切らせ、彌之助自らは三菱社の社長として、もっぱら鉱山、造船など明治日本の基幹産業に注力していったのだった。

不滅、彌太郎の志

妙見山の頂から、黒潮の海の向こうに広がる世界に思いを馳せた少年時代。

ジョン万次郎の話に心を躍らせた若き日。

外国商人を相手に売ること買うことに奔走した長崎の日々。

そして、大阪で三菱を旗揚げして東京へ進出。

日の丸を掲げた三菱の船が世界の海を「横絶する」ことを夢見た起業家・岩崎彌太郎。古今東西、最もエネルギッシュな経済人だった。

その後、海の三菱・日本郵船は、国策により「航海奨励法」「造船奨励法」「特定航路助成法」などの支援を受けて、明治二六年（一八九三）のボンベイ航路に加え、明治二九年（一八九六）三月に欧州航路を開設する。同年八月にはシアトル航路、一〇月豪州航路と、矢継ぎ早に地球レベルで定期航路網を拡大、地球を横断し縦断する海運三菱は、世界の三菱となる。まさに日の出の勢いだった。

一方、陸の三菱・三菱社。鉱業と造船を軸にした日本を代表する産業資本に急成長。弟・彌之助から彌太郎の長男・久彌に引き継がれて三菱合資会社となり、発展途上国・日本の旺盛な内需に応えるとともに、持ち前の創意工夫と滅私奉公的努力によって、これまた、アジアへ、アメリカへ、ヨーロッパへと市場を開拓していった。

彌太郎の志、不滅である。

10　経営者・岩崎彌太郎

岩崎彌太郎、かくしてありとあらゆることが凝縮された濃厚な人生を終えたが、それは明治日本の一断面でもあった。武士の最底辺から出発した男は、出る杭は打たれても打たれても出て、ついにかつての大名にも匹敵する堂々の社会的地位を得た。彌太郎は、常に陣頭に立って采配を振った。それが経営者だと信じていた。

明治一〇年（一八七七）の西南戦争は、特権的役割を終えた武士たちの、誇りと意地を賭けた戦いだった。明治維新という急激な社会変革についていけた者とついていけなかった者。負け組の無念の思いは、勝ち組に心の痛みとして引き継がれた。「国を造る」「国を護る」という共通の思いが、近代国家建設の原動力となり日本のいしずえとなった。

勝ち組の軍事輸送を担って三菱の財政的基礎を固めた彌太郎だったが、その後の生涯を通じて心の底にあったのは、負け組の思いを汲んだ「義」と、国のためを旨とした「明治の武士道」とも言うべきものだったといっていいだろう。

「寛彌さん」の遺言

彌太郎の心は、彌之助、久彌、小彌太と、さまざまに形を変えながらも岩崎四代の経営理念として受け継がれ、三菱の三綱領に謳う「所期奉公」の精神として結実した。期するところは国のため、社会のため。これこそ三菱の永遠の心である。

それは筆者が三菱史料館の史料漬けの日々の中で次第に形成していった三菱の創業者のイメージであり、岩崎四代の三菱史の総括でもあった。さらに彌太郎の曾孫である「寛彌さん」に影響されたことも否定できない。

当時はほとんど一日おきに、夕方になると湯島の居酒屋「シンスケ」か、丸の内の「東京会館」から、寛彌氏からの電話。「おれだ……」だけ。ばたばたと書類を片付けて行くと、カウンターの一番隅で呑んでいるので、黙って隣りに座る。当然、別勘定。没交渉。なおも黙っていると、つぶやくように、

「おれの親しくしていたやつは、みんなボケるか死んじまってよう……」

寛彌氏は寂しかったのだ。それが筆者如き若輩をお供にする理由だった。聞き役に徹したの

も心地良かったのだろう。酔いが回ると次第に饒舌になり、明治日本における彌太郎の志や決断についての持論を、自分の若き日の思い出話とともに、繰り返した。

ドクター・ストップがかかった最晩年はすっかり寡黙になった。開店前から「シンスケ」のカウンターに座り、焦点の定まらない目をして、店主の敏ちゃんから一本だけ与えられたぬる燗の「両関」を、「これは酒ではない……」と言い訳しながらちびりちびりとなめていた。時折、「あのとき、おれのじいさんはなぁ……」

と、問わず語りに、終戦前後のエピソードや、下総の末広牧場に隠棲してからの久彌のことをつぶやいた。それに織り交ぜて岩崎家の内情の弁明やGHQの戦後処理の不満なども口にした。それらは記録にはない話だが、メモを取るとやめてしまうので必死に記憶した。今思うと、あれは「寛彌さんの遺言」であり、筆者が書いている三菱史への注文でもあった。

彌太郎の残像

締めにあたって、明治の歴史家などの観察をいくつかレビューしておこう。

手許にある伝記の類いで最も古い、すなわち彌太郎の生前に最も近いのは、明治一八年

（一八八五）出版の、木村鉄三郎《てつさぶろう》著『岩崎彌太郎君傳』である。彌太郎が他界した一カ月後に出された際物だ。その中で、彌太郎の生涯を小気味よく綴った上で、人となりを次のように表現している。

「……氏人と為り豪宕曠達《こうたつ》（小さなことにこだわらないこと）たり。志図を以て云へば事々満意するなく、一事を挙ぐれば更に一事を企つ。気力を以て云へば艱難に逢ふ毎に益々勇往の気を加う。情誼を以て云へば父母に孝に兄弟に友に、親戚朋友其他人に接して忠実懇切なり。処事の上に就て云へば慎重を以て計画し、果決を以て施行す。処身の上に就て云へば勤倹つとめて費用を節し、細砕の費途もまた苟もせず、而して人を救い、世を益するの事に至っては万金を擲《なげう》って毫も惜しむの意なく、学校を興し、文庫を設け、学士を養ひ、及び教育の資を捐て、貧民を救恤《きゆうじゆつ》する等殆んど計較すべからず……」

明治三一年（一八九八）刊の南海漁人《なんかいぎよじん》の『岩崎彌太郎』では単純明快に次のように総括している。史料というよりも講談本に近い感じだが、著者の持つ彌太郎のイメージが熱っぽく語られている。

「宇内《うだい》の気運日に開けて、その大局の昔日に倍蓰《ばいし》（数倍に増すこと）するに拘わらず、未だ彌太郎その人の如き所謂逆取（道理に背いた方法で取ること）して順守（道理に従って守ること）

する英雄の経済社会に掘起するを聞かざるは何ぞや。

然りと雖も、彌太郎たる者は単に一時に僥倖《ぎょうこう》して奇利を壟断《ろうだん》する相場師輩の能く企て及ぶ所にあらず。必ずや堅忍不抜なる彼が如く、機略縦横なる彼が如く、勤勉衆を率ゆる彼が如くにして、始めて第二の海上王たるに足らんのみ。

区々たる代議士の競争と大臣の地位に熱中する者は彌太郎の風を聞きて少しく衷に愧《は》ずる所なきを得んや」

もう一人。明治を代表するジャーナリストであり歴史家でもある山路愛山は、大正三年（一九一四）刊の『岩崎彌太郎』の巻頭で、彌太郎を次のように総括している。

「……彼は三菱王国と云ふ大きな船の唯一人の船長であった。彼の時代には『万機公論に決する』と言ふ世論主義の高い波が揚った。今の渋沢青淵《せいえん》（栄一）先生などは盛んに株式組織の必要を唱へた。さうして自身多くの株式会社を創立した。しかし彼は何処までも専制主義の信者であった。……彌太郎の専制主義は同時に人才主義であった。世論政治、株式制度、投票を以て人を選ぶ組織は往々に、凡人に良き位置を与へ、人才に屈辱感を与へ易ものである。概して大株主に重役の位置を与へる傾向のある現代の株式制度は人材を殺して愚人を驕らしむるに過ぎない」

どれもこれも彌太郎をポジティブに捉えている。では、傲慢で金銭の亡者とか、えげつない政商といった彌太郎の悪役イメージは、いつごろ作られたのだろうか。どうも大正、昭和と時代を下る中で出版された伝記や小説によるところが大きいと思えてならない。知っているだけでも二、三〇冊は出ている。

彌太郎と同時代の落語家に、あの三遊亭円朝がいる。円朝は『明治の地獄』という当時の新作落語で、西郷隆盛や山岡鉄太郎などを登場させながら、唐突に岩崎彌太郎の名を出している。地獄への入口である六道の辻で、三途の川の脱衣所の婆さんにこうしゃべらせているのだ。

「成程、血の池地獄、針の山などはまだありますか」

「いいえ、ございませんよ、岩崎彌太郎さんといふ方がいらっしゃいまして、あの旦那様が針の山を払ひ下げて、其山を崩した土で血の池を埋めてしまひ、今では真っ平らで、彼処《あそこ》が公園に成りまして、誠に面白うございますよ、女が燈心で竹の根を掘ったりする観物《みせもの》が出ますよ」

「成程、へえへえ」

「パノラマを往って御覧なさいまし」

「地獄へパノラマが……」

「大層立派に出来ましたよ」

たぶん清澄庭園や六義園の造成のことがイメージとしてあるのだろうが、世間一般の彌太郎の評判が悪かったら、落語の中にこういうおしゃべりとしては出てこないだろう。ということは、彌太郎がえげつない男に描かれるのは、やはり、大正、昭和になってからということではなかろうか。

ちなみに、今日、日本人の歴史観に大きな影響力を持つ司馬遼太郎の『竜馬がゆく』では、彌太郎は坂本竜馬という国民的英雄の引き立て役に使われ、「腹がへればねずみでも引き裂いて食いつきそうな面構え」と描かれている。『慶応長崎事件』という短編小説では、食い意地の張った賎しい卑屈な男で、「太い眉、大きな口、めったに笑ったことのない木の瘤《こぶ》のような顔」と表現されている。一体全体、どんな顔の彌太郎を想定していたのだろうか。NHKのドラマなども、当然この延長線上で設定され、彌太郎役の俳優はことさら汚いメイクをして登場する。

小説は小説、ドラマはドラマ。事実とは別。成功者はどう描かれようと、黙って受け流すしかなさそうである。

『岩崎彌太郎傳』について

彌太郎の伝記で正伝ともいうべきものは、なんのかのといっても、岩崎彌太郎・岩崎彌之助傳記編纂委員会が昭和四二年（一九六七）にまとめた『岩崎彌太郎傳』である。三菱の公式の伝記だ。上下巻合わせて一五〇〇頁余り。

戦後六年経った昭和二六年（一九五一）、四代目社長・岩崎小彌太の七回忌にあたり、三菱各社の長老の間で、

「三菱本社はなくなったが、各社それぞれ歩む見通しが立った今こそ、岩崎四代の社長の伝記をまとめておくべきだ」

との話が出た。もちろん全員賛成で、実行に移されることになり、元三菱商事社長の田中完三を委員長とするプロジェクト・チームが結成された。田中は小彌太社長の後任として最後の三菱本社社長となり、粛々と解散の実務にあたった人である。

伝記編纂の実際の作業の取りまとめには、かつて三菱本社の総務部にいた中野忠明があたった。中野は若いころ「時事新報」にいたこともある筆の立つ人で、三菱の社員クラブである三菱養和会の会誌の編集を行なったりしていた。

中野は伝記編纂の委員になると、田中委員長の名で三菱各社に協力を呼びかけ、各社に保存されていた膨大な史料を集めた。それらを精査し、各地に出向いて、可能な限りの史料や原典に目を通し、存命の三菱の長老や岩崎家の関係者に幅広くヒアリングを行なった。

そして、まずは直近の『岩崎小彌太傳』を昭和三二年（一九五七）に完成させ、三六年（一九六一）に『岩崎久彌傳』、四二年（一九六七）に『岩崎彌太郎傳』、四六年（一九七一）に『岩崎彌之助傳』と、岩崎家四代の伝記を約二〇年かけてまとめ上げた。

創業者・岩崎彌太郎の、類いまれな生きざま。中野の主観がたっぷり入った彌太郎のイメージは、およそ次のようなものだった。彌太郎傳の末尾に近い章に記されているので紹介しておこう。

「……彌太郎は躯幹魁偉、顎骨が発達し、眉毛は漆黒、眼光は炯々《けいけい》として精悍の気、人に迫る、とは青年時代の友人の言である。……今日残る肖像画を見ても、毅然たる偉丈夫の面魂で、絶倫の気迫と強烈な意志を秘めるごとく思はれる。

彌太郎の青年時代に見る性格は、熱情的で行動的である。何事にも進取積極、きはめて自我が強く、ややもすれば独善に陥り、お山の大将に成りがちである。友人弘田久助は『岩崎君は天性勝気で、余程剛毅の性質である。いかなる困難に逢っても決して弱音を吐かなかった』といひ、大隈重信は後年の彌太郎について『岩崎君は困難が増加するに従ひ、その精力はますます活動しきたった。これが多くの難局を乗り切った所以で、君の君たるところだ』と語っている。若い頃は血気にはやり粗暴の振舞いもあった。しかし磊落、陽気の一面人情にも厚かったから人に愛された。厳密にいへば、彼を怖れ嫌悪する者と、彼を愛し推服する者の両者があり、敵にとっては怖るべき相手、味方にとっては頼もしき男である。

大風呂敷をひろげ、奇抜な言動もあるが、根は誠実で勉強家である。負けず嫌ひ、戦闘的で、土佐人特有の一徹さがある。しかし全体としては実際的、行動的であって、瞑想の人ではなかった……」

私見──彌太郎型経営

筆者の理解する彌太郎の経営の特質についても記しておく。

彌太郎の経営は、経済合理性をひたすら追求する三井や住友のプロの経営者と違って、武士出身のアマチュアであることが隠せない。緻密な計算の積み重ねよりも大局的見地からの判断を得意とする。下級武士の出ならではの艱難辛苦と隠忍自重が、強固な意志と積極果敢な闘争心となって現われる。それでいて、自ら経営の学がないので学のある者を雇い、耳を傾け、信頼できるとなればとことん信頼し、自分の判断にしてしまう。

維新後の代表的知識人である福沢諭吉に早くから心酔し、その文明観と実業立国の思想に共感していた。福沢の弟子である荘田平五郎を重用し、会社規則を制定し、自分では理解し切れなかったであろう近代的会計制度もいち早く導入、あるいは必要とあれば外国人の採用、登用も逡巡しなかった。

資金調達に関しては、長期的な資金の借り入れは避け、特に本業の海運業においては政府の助成金以外には手を出さず、短期的利潤を追求しがちの商人資本とも一線を画した。このサムライ商法は、社長独裁とともに、合本《がっぽん》主義を主唱する渋沢栄一に時代遅れと馬鹿にされたが、彌太郎はまったく意に介さなかった。

また、明治初期なればこそではあるが、国家優先の考え方に凝り固まっていた。すでに述べた「政商」の一面でもあるが、あたかも為政者のような発言が多い。たとえば下記。三菱助成策の実施を控えて、抱負を述べている。

「……抑《そもそ》も政府なるものは全国人民に代りて事を為すものなり。而して我政府は現に内外航路の大権を回復するの大責を余に委したり。余も亦進取して此の重責を荷へり。然らば即余は全国人民の為めに事に此に従ふものなれば、其義務も亦重大なりと云ふ可し。既に此重大なる義務を進取せる以上は、飽くまで此義務を尽さざるべからず。此に至りて余は昔日の余に非ず。社も亦昔日の社に非ず……」

「……余は重大なる義務を分って各位と余に之を尽さんことを約せり。此重大なる義務を担ひたる余及び各位は已に昔日の進路を従ふべからず。公明公平の正路に由り至当至切の運賃を定め、厳然不抜の定律を建て、全国海運の規則は我より其例を掲げざるべからず……」

「……吾輩の今日務る所の者は他に非ず。厳然たる規律を内に定め、堅忍持重、確乎として動かず、到底斯の大業を成立し、漸進徐歩、以て我進路の前に横たはりたる妨碍を払ひ、航海の大権を我皇国に恢復するに在り。故に今日に在りては決して昔日の措置に慣ふべからず。願はくは各位、眼を以上の大義務に注ぎ、後来の著意を誤ること無からんことを」（明治八年五月「告諭書」）

大変な気負いである。まさに、新政府の指導者たちと価値観を共有していることを示している。三菱ならではの、岩崎彌太郎ならではの告諭である。

三菱よりも二〇〇年も三〇〇年も先輩の三井や住友では、早くから資本と経営の分離を実現し、三井家の人々や住友家の当主たちは、茶、華、能、書、画、器といった文化の世界に生きた。商売の方は、大番頭が取り仕切って経済合理性を追求するという商人道を江戸時代に確立していた。大番頭は血縁の者ではなく大勢の従業員の中から人望も経営の才もある者が選ばれてなる。為政者のような告諭をするなど逆立ちしてもあり得ないことだった。

まことに無骨な、常識的経済人にはあらざる彌太郎の経営姿勢だったが、この経営姿勢こそが、驚異的スピードで近代化を遂げた明治日本のリズムに合った。先頭に立って敵陣に斬り込む戦国武将そのものである。

この告諭の一〇年後に彌太郎は他界するが、彌太郎の獅子吼《ししく》した価値観は、彌之助、久彌、小彌太へとしっかりと引き継がれていった。

墓碑銘

彌太郎が埋葬された染井の岩崎家の墓所。有名な染井霊園ではない。たまたま隣接する個人の墓所だ。敷地の中央に、あたりを睥睨《へいげい》するようなひときわ大きな石碑が長男の久彌によって建立された。彌太郎の法号は廣曜院普攝勇徳居士。墓碑銘は桜痴《おうち》福地源一郎が素案を作り、漢学者の羽峰《うほう》南摩綱紀が漢文にした。今では判読しにくいが、こう彫られている。

君諱寛、號東山、通稱彌太郎、岩崎氏、父彌次郎、母小野氏、天保五年十二月十一日、生土佐安藝郡井口村一宮。仕藩溜爲小参事、明治十年叙勳四等。拾七年罹病、拾八年二月六日叙従五位、翌日屬纊、年五十二。葬東京染井里。配高芝氏、子女拾二、長子久彌嗣。

まことにそっけない墓碑銘だ。かたわらに血湧き肉躍ることの記された大きな顕彰碑があってもよいのではないか。三菱の創業者なのだ。史上最大の起業家であり、日本の経営史上、最もエネルギッシュだった男なのだ。そういう思いを、彌太郎の命日に詣でた際、今は亡き岩崎寛彌氏に述べた。すると、

「経済人が自分の人生を自慢して何になる。会社の行動がすべてなんだ……」

墓所は非公開、顕彰碑も記念館も無用という。なんと嫌味な。

……だが、待てよ。よく考えてみると、これは彌太郎から小彌太に至る岩崎四代の信条だったのではないか。社長独裁ということにばかり目を取られていたが、大切なのは、社長がどうのこうのではなく、三菱がどうしたのか、なのだ。

そう、「会社の行動がすべて」。実にわかりやすい。今日の経営者にとって、あるいは社員に

とって、重い重い言葉だ。

偉大な母――「原点を忘るな」

最後の最後に記す。

彌太郎の人生で忘れてならないのは母・美和の存在だった。母は強気一辺倒だった彌太郎の心に届く言葉を持っていた。偉大で、控えめだった母。彌太郎はまったくの恐いもの知らずだったが、母の言葉にだけは素直だった。

彌太郎は、高知の屋敷は姉・琴の嫁いだ吉村喜久次に管理させていた。彌太郎が九十九商会のオーナーになって間もないころ、高知城下の追手筋にある百々《とど》越前の屋敷を買い取ったものである。

また、大阪の屋敷は、妹・佐幾の嫁いだ藤岡正敏に守らせていた。土佐稲荷の東側の、藩邸だった土地に新たに邸宅を建てたもので、彌太郎が東京に移ってからは大阪出張時の宿にした。『美福院手記纂要』によれば、岩崎家の女たちは大阪の佐幾の家にしばしば集まったようである。母を囲んで、長女・琴、長男の嫁・喜勢、それに次女・佐幾。とめどないおしゃべりの後は、駕篭や馬を連ねて、有馬温泉に行ったり、遠く伊勢や金毘羅宮にお参りをしたりしたこともあった。

あるとき、土佐の屋敷の処分のことで、母の大阪滞在が長引いた。そのときの彌太郎の母への気遣いの手紙が三菱史料館に残っており、そのうちのひとつをときどき展示している。生涯にわたって影響を及ぼした母。その母への手紙。およそ独裁者らしからぬ、優しさあふれる書簡である。

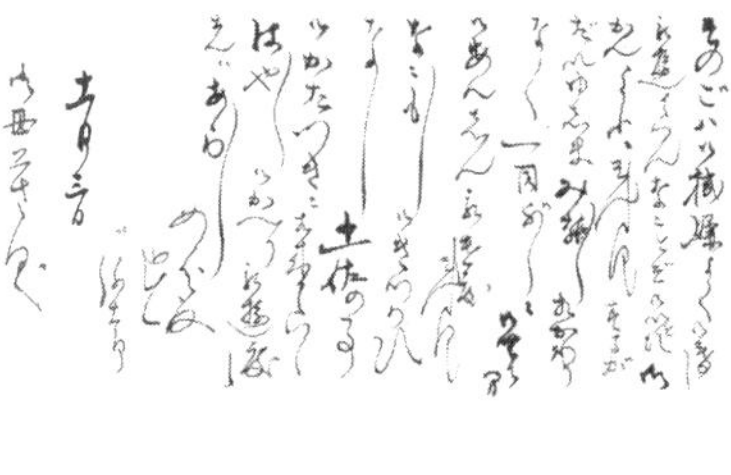

彌太郎の手紙

そのごハ御機嫌よく御暮し
被遊候ハん、なニとぞ御いとひ御
かんよふニそんし候、するが
だい（駿河台の彌之助家）ゆしま（湯島の彌太郎家）
みなみな相かわり
なく一同ぶじニ御座候間
御あんしん被遣度そんし候
なにもなにも御きつかひ

なく、土佐の事
御かたつき二相来候ハヽ
はやはや御かへり被遊度候
先ハあらめで度
かしく
彌太郎
十一月三日
御母上さま

営業から経理から運航の現場のことまで、ことごとく首を突っ込んでやまないエネルギッシュな男は超多忙だった。夜は夜で芸者をあげてのドンチャン騒ぎで、身体がいくつあっても足りなかったはずである。そんなときでも彌太郎は、ほとんど毎日のように大阪の母に宛てて手紙を書いていたのだ。

町医者の娘として生まれた母だった。岩崎彌次郎に嫁ぎ、貧しい暮らしの中で彌太郎に学問の尊さを教えた。彌太郎が事業に乗り出してからは、常に内にあって諌め、励ましてきた。がむしゃらに事業を推進した彌太郎には敵も多かったが、母の存在が心の安定をもたらした。彌太郎にとって実に偉大な母だった。

彌太郎に説教できた唯一の人である母は、日ごろ口にしていたことを、岩崎家の家訓として七カ条にまとめている。

第一、人は天道に背かざること。
第二、親たるものはつねに子に苦労をかけざるやうに心掛くべし。
第三、他人の中言（中傷のこと）を聞きて我が心を動かすべからず。
第四、一家を大切に守るべし。
第五、無病の時に油断すべからず。
第六、富貴になりたりと雖も貧しき時の心を忘るべからず。
第七、人たるものは常に堪忍の心を失ふべからず。

第六の「富貴になりたりと雖も貧しき時の心を忘るべからず」は、美和が繰り返し繰り返し彌太郎に言ってきた言葉で、井ノ口村の原点を忘れるなということ。母なればこそ、得意絶頂の彌太郎に言い聞かせられたことである。傲岸不遜とまで言われた彌太郎だったが、この言葉を思い出すたびに、しゅんとしたことであろう。母はまさに岩崎家のゴッド・マザー的存在だった。

彌太郎没後一五年、美和は明治三三年（一九〇〇）に八五歳で亡くなった。染井の墓所に眠る彌太郎の右隣りに、孫である久彌によって埋葬された。法号は美福院覚法和敬大姉。合掌。

おわりに

岩崎彌太郎は決して行き当たりばったりの男ではなかった。ワンマンでありながらブレーンの話に耳を傾け、有望と判断した事業にのみ投資した。今日的表現をすれば、見事な「選択と集中のポートフォリオ戦略」だった。

「国とともに」発展した三菱は、国と運命をともにする。敗戦後、ＧＨＱの財閥解体政策により本社を解散させられた。のみならず、三菱商事も解散、三菱重工は三分割、三菱銀行は商号・商標を剥奪された。

同じ釜の飯を食べた者たちにとって、それからが正念場。耐え難きを耐えながらの日々だった。やがて、新しい日本を建設するという前向きの日々の中で、三菱も日本最大の企業グループに復帰、高度経済成長時代を経て日本経済は世界でナンバーツーとまで言われるようになった。

ところが、平成になって日本のバブル経済ははじけ、長期低迷の時期に入った。人々も企業も脱力感にさいなまれた。長い二〇年だったがそれも克服し、日本経済は次なるジャンプの機会をうかがっている。こんな時だからこそ、岩崎彌太郎の強烈な起業家精神やひたむきな生き方をレビューしたのだが、今まさに彌太郎のような「創造力のある人材」が求められていることが分かってもらえただろうか。

二〇二〇年は三菱創業一五〇年の年。日本の経営史上もっともエネルギッシュだった男岩崎彌太郎。常に前向きで、それでいて原点を忘れなかった。本書を読んで、男の中の男の迫力にエネルギーをもらったという人がいたら、筆者としては望外の喜びである。

【岩崎彌太郎年譜】

（上から西暦、西暦一月一日の和暦、満年齢）

一八三五　天保五　〇　土佐国井ノ口村に生まれる。
（天保五年一二月一一日＝一八三五年一月九日）

一八五一　嘉永四　一六　弟・彌之助誕生。

一八五四　安政一　一九　江戸遊学。

一八五五　安政二　二〇　一月安積艮斎塾に入門。年末帰国。

一八五八　安政五　二三　吉田東洋の少林塾に入門。

一八五九　安政六　二四　はじめて長崎出張。翌年免職。

一八六二　文久二　二七　喜勢と結婚。郡の下役に。

一八六五　慶応一　三〇　長男・久彌誕生。

一八六六　慶応二　三一　開成館設立。貨殖局に。

一八六七　慶応三　三二　開成館長崎出張所に赴任。主任者に。

一八六八　明治一　三三　馬廻に昇進。長崎出張所閉鎖。

一八六九　明治二　三四　開成館大坂商会に移る。権少参事に昇進。
一八七〇　明治三　三五　九十九商会設立（三菱の創業）。船旗号に「三角菱」採用。
一八七一　明治四　三六　廃藩置県。藩吏を辞す。九十九商会オーナーに。
一八七二　明治五　三七　彌之助アメリカ留学。三川商会に改称。
一八七三　明治六　三八　三菱商会に改称。家族大阪引きまとめ。父・彌次郎没。日本国郵便蒸汽船との競合。彌之助帰国。吉岡銅山買収。
一八七四　明治七　三九　東京に本社移転。台湾出兵の軍事輸送。三菱蒸汽船会社に改称。
一八七五　明治八　四〇　上海航路開設。第一命令書。郵便汽船三菱会社に改称。横浜に三菱製鉄所創設。
一八七六　明治九　四一　三菱商船学校設立。
一八七七　明治一〇　四二　西南戦争の軍事輸送。
一八七八　明治一一　四三　三菱商業学校設立。湯島、深川、駒込など東京に土地取得。
一八七九　明治一二　四四　東京海上保険設立に参加。
一八八〇　明治一三　四五　三菱為替店設立。千川水道設立。
一八八一　明治一四　四六　高島炭鉱買収。日本鉄道設立に参加。

一八八二　明治一五　四七　三菱商船学校を政府に上納。

一八八三　明治一六　四八　共同運輸との競合。

一八八四　明治一七　四九　三菱商業学校閉鎖。長崎造船所借り受け。胃病発症。

一八八五　明治一八　五〇　胃癌にて没（二月七日）。
（彌之助社長に。第百十九国立銀行継承。日本郵船発足）。

一八八六　明治一九
（三菱社発足）。

【岩崎家系図】

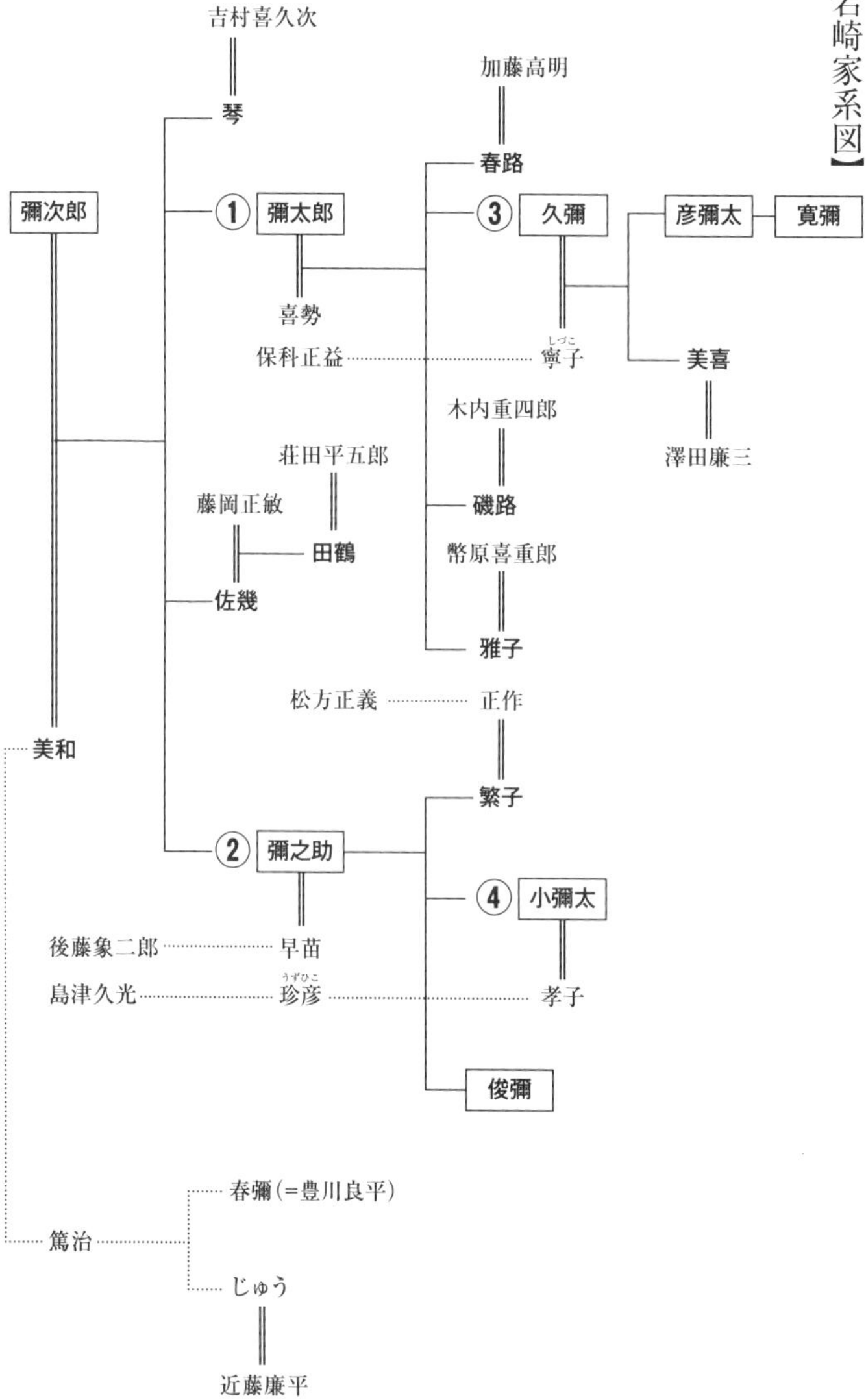

吉村喜久次
琴
加藤高明
春路
彌次郎
①
彌太郎
③
久彌
彦彌太
寛彌
喜勢
保科正益
寧子《しづこ》
美喜
木内重四郎
澤田廉三
荘田平五郎
藤岡正敏
磯路
田鶴
幣原喜重郎
佐幾
雅子
松方正義
正作
美和
繁子
②
彌之助
④
小彌太
後藤象二郎
早苗
島津久光
珍彦《うずひこ》
孝子
俊彌
春彌(=豊川良平)
篤治
じゅう
近藤廉平

【参考文献】

『三菱社誌・全四〇巻』三菱社誌刊行会編
『岩崎彌太郎傳・上下巻』岩崎家傳記刊行会編
『岩崎彌之助傳・上下巻』岩崎家傳記刊行会編
『岩崎久彌傳』岩崎家傳記刊行会編
『岩崎小彌太傳』岩崎家傳記刊行会編
『岩崎彌太郎日記』岩崎彌太郎・岩崎彌之助傳記編纂委員会編
『岩崎東山先生傳記』奥宮正治著
『美福院手記纂要』奥宮正治編
『三菱史料館論集・第一～一四巻』三菱経済研究所編
三菱各社の社史・経営資料
『岩崎彌太郎君傳』木村銕太郎著、昌平楼
『岩崎彌太郎』南海漁人著、集文館

『岩崎彌太郎』弘松宣枝著、民友社
『岩崎彌太郎』山路愛山著、東亜堂書房
『岩崎彌太郎傳』白柳秀湖著、改造社
『岩崎彌太郎』田中惣五郎著、東洋書館
『岩崎彌太郎』入交好脩著、吉川弘文館
『岩崎彌太郎』松村巌著、内外出版協会
『岩崎彌太郎物語─「三菱」を築いたサムライたち』成田誠一著、毎日ワンズ

『現代金権史』山路愛山著、服部書店
『脇村義太郎著作集・第一巻』日本経営史研究所
『日本財閥史』玉城肇著、社会思想社
『日本近代経営史』野田信夫著、産業能率大学
『日本財閥史』森川英正著、ニュートンプレス
『三菱財閥』三島康雄著、日本経済新聞社
『三菱財閥史』三島康雄著、教育社

『財閥の時代』武田晴人著、新曜社
『随時随想』岩崎小彌太著
『田中完三翁遺稿集―九十五歳の記』牧兼之編
『私の三菱昭和史』大槻文平編著
『岩崎小彌太書簡集』静嘉堂編
『安積艮斎門人帳』安積艮斎顕彰会編
『岩倉使節団という冒険』泉三郎著、文春新書
『竜馬がゆく』司馬遼太郎著、文春文庫・
『大百科事典』平凡社編
『日本奥地紀行』イザベラ・バード著、高梨健吉訳、平凡社ライブラリー
『うえの』（平成九年一一月号）上野のれん会編
『維新経済史の研究』平尾道雄著、高知市立市民図書館
『明治期財閥形成者の起業家精神』法政大学イノベーション・マネジメント研究センター編
『勲章―知られざる素顔』栗原俊雄著、岩波新書

本文ＤＴＰ・カバーデザイン／株式会社テイク・ワン
表紙カバー写真／山元宏典（高知市在住）

成田 誠一

三菱史アナリスト。1941年生まれ。岩崎彌太郎ほか三菱史の中の人間像や、創業以来の経営哲学である三綱領について研究。かたわら、『岩崎彌太郎物語』ほかの三菱史シリーズを「マンスリーみつびし」に連載、『岩崎四代物語』を高知新聞に連載するなど、精力的に執筆活動や講演にあたる。著書に『岩崎彌太郎物語―「三菱」を築いたサムライたち』（毎日ワンズ）ほかがある。

評伝岩崎彌太郎――日本の経営史上、最もエネルギッシュだった男

第一刷発行――二〇一四年六月三〇日
第二刷発行――二〇一七年六月三〇日

著者――成田誠一

編集人――祖山大
発行人――松藤竹二郎
発行所――株式会社 毎日ワンズ
〒一〇一－〇〇六一
東京都千代田区三崎町三－一〇－二一
電　話　〇三－五二一一－〇〇八九
ＦＡＸ　〇三－六六九一－六六八四
http://mainichiwanz.com

印刷製本――株式会社 シナノ

ISBN 978-4-901622-78-3